| 海子 |

内心有海，春暖花开

叶阑 著

中国华侨出版社

图书在版编目（CIP）数据

　海子：内心有海，春暖花开 / 叶阑著 . —北京：
中国华侨出版社，2017.10
　ISBN 978-7-5113-7041-9

　Ⅰ . ①海… Ⅱ . ①叶… Ⅲ . ①海子（1964—1989）—传记
Ⅳ . ① K825.6

中国版本图书馆 CIP 数据核字（2017）第 220223 号

海子：内心有海，春暖花开

著　　者 / 叶　阑
责任编辑 / 桑梦娟
责任校对 / 高晓华
经　　销 / 新华书店
开　　本 / 880 毫米 ×1230 毫米　1/32　印张 / 8　字数 /175 千字
印　　刷 / 三河市华润印刷有限公司
版　　次 / 2017 年 11 月第 1 版　2017 年 11 月第 1 次印刷
书　　号 / ISBN 978-7-5113-7041-9
定　　价 / 32.00 元

中国华侨出版社　北京市朝阳区静安里 26 号通成达大厦 3 层　邮编：100028
法律顾问：陈鹰律师事务所
编辑部：（010）64443056　　64443979
发行部：（010）64443051　　传真：（010）64439708
网　址：www.oveaschin.com
E-mail：oveaschin@sina.com

序言

20 世纪 80 年代的最后一个春天，诗人海子抱着厚厚的四本书籍，挺着倔强坚硬的脊梁，凌乱的长发在风中纠结着。他纯洁的眼神定格在 25 岁，在山海关锈迹斑斑的铁轨上，高唱挽歌，拥抱死亡。

当轰鸣的火车穿过肉身，生命戛然而止的瞬间，诗人的血液迸发出了迷人的麦田香气，灵魂头也不回地奔向太阳。死亡，也是生命诞生的方式，正如他诗中所写的那样："该忘记的早已忘记，该留下的永远留下。"

当瘦弱的肩膀负担不起沉重的灵魂，海子选择了告别这个世界，他孑然而去，却留下了"春暖花开"的梦，成为了精神世界里的神。虽然世界日新月异，时光已经进入到了很少有人谈论诗歌的年代，但海子的梦已种植在每个人的心底，在每个春天蠢蠢欲动，破土而出。

在灰蒙蒙的城市天空下，为了安慰干瘪的灵魂，我时常翻阅海子，或者插上耳机，听周云蓬演唱《九月》，好像悲伤地坐在海子的身边。海子的魂与诗，都没有冷却，它们灼热而直接，美得让人燃烧，美得令人心碎。

母亲，太阳，麦田，它们永恒存在着，撼动着我的全部神经，沸腾着我的全部血液。

目录

后记

第一章

故乡·童年·生长

「一」

风吹在村庄的风上

> 你知道我的诞辰、我的一生、我的死亡，但不知道我的命。
>
> ——海子《弑》

每个人心里都有一座村庄，风吹在村庄的风上，携带着生命最初的原味，不时拉扯着迷茫的心。故乡的意义，在即时通信和便捷交通发达的今天，已时而变得意义模糊。可有一天我在夜里，梦见了麦子拔节的声响，那声音缓慢而又悠长，带领灵魂回到了破旧的老掉牙时光。

站在今天的坐标点上，人们已难以全然去理解麦子的意象，因为肚子忘记了饥饿，眼睛忘记了金黄，心灵也就忘记了扎根于土地的原始期待。它们贴着标签被陈列在超市的货架里，于是便在人们的心里成为了空席。

  作为海子诗歌里的核心词，麦子让很多人重新拾起了渴望，古老的词义重新浮出水面，悬挂在干枯的生活之上。因此，我曾在一个秋日的下午，孤身走上一面静寂的山坡，感受农人的寂寞时光和诗人的血脉流淌。与北方土地相比，那田埂显得瘦长细小，村庄的气息仍是陈旧与落后的，如果不是诞生过这样一位诗人，或许它会被整个世界所遗忘。

  我与梦中的麦田擦肩而过，那时的南方土地，刚刚经历过一场耗尽元气地收割，神情带着哀伤与疼痛。稀稀落落的草垛点缀在视野中，树木投射下一串阴影，渲染了无声的暮色。我想我错过了麦子的告别狂欢，只来得及拥抱一片荒凉。目睹土地萌生了睡意，疲惫地垂下了眼帘。那片土地的完整名字，叫作安庆怀宁县高河镇查家湾。

  脚下，是海子走过千万次的路，如今被越来越多的追随者们覆盖着。见到海子年迈的父母，心中不禁渗出悲伤，我为这种悲伤感到愧疚，但无法抑制。他们不多言，脸上流露出的，有安慰，有麻木，有平静，也有痛苦。

  生活在磨损着他们，而不是滋养着他们。海子的父亲背已微驼，从头发到瞳孔都是衰老的颜色，瘦弱的他默默将人们带到海子的书房，由此敞开了他的精神世界。从哲学到美学，从宗教到诗歌，那个破旧的书架上，散发着海子的气息。一个掉了漆的展示柜里，放着北大毕业证、各种获奖证书，还有中国政法大学的聘任证书等。我不敢去触碰它们中的任何一样，就像生怕惊动了海子已经平静睡去的灵魂。

留言簿上挤满了密密麻麻的笔迹，生活的逻辑多么奇怪，他活着的时候那样孤独，死去以后，却让扛着诗歌与理想旗帜的人们聚拢到了这个再普通不过的小村庄里，只为呼吸一口诗意的空气。

都市里生长的心灵，对土地的情感是有隔阂的。但双脚连接在那里，我还是体会到了故乡对于诗人的特殊意义，一时间仿佛再次见到海子说出"农村生活至少可以让我写上十五年"时的自豪神情。

来到海子墓旁，见到墓碑顶端盘旋着一条黄龙，这是诗人的生肖。墓碑旁边的小龛中，放置着海子从西藏带回的两块玛尼石。听说曾有读者徒步而来，在那墓碑旁睡了一夜，我心生敬佩，但不敢。不是恐惧什么黑暗，却是害怕不知如何与诗人的灵魂相处。面对理想，我会思绪混乱，结结巴巴。

在查家湾，我感受到了剧烈的海子的气息萦绕在这里，它用贫穷的生活和自然的山水供养出了一颗赤子之心。离开的路上，带着疼痛，我沉醉在了那血色的暮色里，懂得了什么叫作荒凉，什么叫作热烈，并重新为灵魂和双眼开了光。

年轻的心，总是期盼彼岸。倦鸟的翅膀，却反而向着故乡的方向。说海子的故乡，其实要从安庆开始，它是戏剧之乡，也是大师的摇篮，出过许多名人。不只有张廷玉这样的古代名相，陈独秀这样的新文化传播者，还有朱光潜、宗白华、邓以蜇等美学大家都是这片土地结出的果实。

1964年3月24日，安庆怀宁县高河镇查家湾诞生的一个男婴再次延续了安庆的文化血脉，当这个婴儿成长为一个少年，他用滚热的诗句托起了一个小村庄，也托起了一个年代的梦想和失落。

那日午时过后，查裁缝家里传来了婴儿的哭声。赤脚医生熟练地将粉红色身体倒抓起来拍打，微笑告知诞生的是一位健康的男孩，家人们的眼里瞬时都坠入了一颗闪亮的星星。哭声振奋了昏睡的太阳，阳光被抖落在地上，闪烁着钻石般的光芒。

查裁缝欣喜得眼眶泛起了雾，妻子操采菊在疲惫中燃起了喜悦，接连失去了两个孩子后，夫妻二人终于在这个春天等到了一丝生命的希望。他们恨不得立即昭告天下，让查家湾的所有乡亲们知道，流淌的血脉终于有了奔腾不息的新乐章。温暖的父亲深情握着儿子的小手，掌纹清晰地刻着命运的走向。

生命的繁衍常常谱写悲伤的故事，查振全和妻子操采菊最初拥有过一个女儿，那时生活贫苦不堪，逢上了三年自然灾害，每天都有生命告别人世，生活异常艰苦难熬。夫妻俩肩负着一个家的责任，每一张嘴都要填满，还要照顾久病的老人。在育儿经验和医疗常识都匮乏的同时，孩子得了奇怪的病症，乡村医生叹息着摇头，难以进行准确的判断。胡乱吃了不少药，打了不少针，但是一个鲜花般的生命，还是很快告别了人世，走的时候，仅有两岁。

那是心底最深处的痛，年轻的母亲哭碎了肝肠，捧着那月光一样的白皙脸庞，却换不回黑睫毛的一丝微颤。总是以为，自己的全世界里有着她的全世界，却被一阵黑色的风带走了全部。命运暂时将一个生命寄存，收回的时刻没有讲半分情面。

村庄里的人纷纷赶来安慰这对伤心的夫妻，并告诉他们，老人们把太早夭折的孩子称为"花生鬼"，他们的灵魂稍纵即逝，最终归于尘土。生活这样艰苦，她选择离开或许反而得了解脱。

可怜的孩子，连一处像样的安葬地也没有，被村里的老人们草草包裹了一番，埋到了村外的一座土山坡处。生命是个解不开的谜团，都言它无坚不摧，带着生生不息的力量，而有时它又是那么的脆弱，瞬间消散，永不回头。

村庄里的人，一辈辈传承香火，古旧的思想蓬勃生长，不容越过。尽管夫妻二人一直深陷在悲痛之中，无法忘记这段阴霾。但为了不愧对祖宗，让老人的心得到安慰，他们很快开始孕育起第二个孩子。

村庄里素有"冲喜"一说，他们觉得这时候如果再孕育一个孩子，或许可以使自己忘却伤疤，还能给老人的久病带来一次"喜气"。他们诚心祈求上苍，让被夺取的生命以新的形式返回，他们愿用全部的爱来回报，不久后，果真如愿以偿地拥有了第二个女儿。

因为上一次悲剧播下的种子，莫名的恐惧让这位母亲十分小心翼翼。怀胎十月中，她对这个胎儿供若国王，生怕出了半分差错。

魔鬼的玩笑依旧继续，他没有打算放过这对脆弱的夫妻。这次流星陨落的速度更快，母亲经历过痛苦的分娩后，女儿娇小的身躯刚刚温暖了一个昼夜，便变为冰冷的噩梦。期待就像死在空中的鸟，以飞翔的姿势重重坠下。

母亲压抑地哭泣着，灵魂如子宫一样突然被抽空，心碎成了粉末，却又生怕触动病中老人的情绪。查裁缝将悲痛的脸埋在双掌中间，黑色的掌纹颤抖着，渗出灰色的液体。

村庄里流言四起，都说那"花生鬼"没有放过查家，再降厄运。查裁缝百口莫辩，作为家里的顶梁柱，他很快收起了眼泪，他明白，自己该是一座山，撑起物质与精神的双重天。

这位隐忍的父亲咽下了悲痛，将耕作作为了情绪的出口。他不作声，埋头苦干，将心事一颗一颗种在田垄里，换成公分和粮食。但每一个夜晚时分，在静悄悄的黑暗中，他也会梦见孩子爬在无尽的麦田间，微风吹起她柔软的头发，抚摸她纯真的脸庞。

苦难尽头，上天终于赐给他们一个健康的男婴，那底气十足的啼哭声，像是远古的回音，冲开了悲伤的封印。长久的梦魇终于拉开了一道金色缝隙，他沿着时光的巷道走来了，披着温暖的春日阳光，眼神像诗一样宁静，让这对苦难夫妻拾起了心灵的碎片，重新唤醒了沉睡的岛屿。

多少次，这是他们心头轻轻呼唤的梦想，怯怯，又切切。心底埋藏的深沉细腻的爱，滤去全部语言，顷刻之间迸发出来，滋养这个新生命在查家湾的土地上无止境地盛开。

田野上，稻草人迎风起舞。林梢间，鸟儿放声歌唱。从这时起，生活还是值得热爱的。

「 二 」

面朝谷仓，脚踩黄昏

活在这珍贵的人间，泥土高溅，拍打面颊。

——海子《活在这珍贵的人间》

年少时总喜欢追问生命的意义，每逢思考，空气就变得凝重，最后千挑万选出一个答案，明晃晃贴着理想主义的标签。1964 年的春天里，查家湾的村民们还不懂那些虚无的浪漫，他们与饥饿抗争，用最滚烫的汗滴换取最廉价的温饱。

儿子的降生为查家注入了新鲜的动力，但生活的严峻仍是一座需要翻越的高山。村子里其实很少有裁缝生意，所以坚强的父亲必须想尽办法来满足全家人的温饱。

在当时的语境里，生活的考卷连一道像样的选择题也难以呈现，想要抵御胃肠的抗议，唯一的办法就是夜以继日地劳作。

当青草叶子托起第一颗露珠时，夜色与寒气尚在流连忘返。此时，父亲的影子轻声离开，扛起犁头奔赴生活的战场。身体像弓，却无箭在弦。直到苍老的夕阳埋下了喝醉的脸庞，父亲的脚尖才缓缓转回一个平角，向着房屋的方向。

父亲查振全也曾读过两年书，但迫于家境，早早就开始了面朝黄土背朝天的日子。虽然他的裁缝手艺远近闻名，但在当时的匮乏条件下，家家盼着不挨饿，自然没有一分闲钱拿去给别人赚，手艺师傅们只得纷纷扔掉了手艺，靠自己的双手，向土地索取微薄的食物。

母亲操采菊幼时家境不错，上过五年学，认识的字多过村里的大多数男人。与普通农村妇人相比，她关注过食物之外的世界，比如文学，比如音乐，她的黄梅调唱得颇有味道，她的眼睛里，也曾闪耀过文艺青年的蓝色光芒。

在生活的意义缩小到一个饭碗的大小时，不知这位母亲是否还能记起，她曾种下过为人师表的种子，粉笔是她耕耘的工具，黑板是她播种的田。在男人的世界之外，她精心呵护那些精神的庄稼，酝酿另一场红红火火的大丰收。她无数次幻想过，泥砌的房屋下，会有一双双殷切的眼睛，滋养着她的梦想，也承载着整个村庄的未来。

这本不是一个遥不可及的等待，但土地改革的哨音吹响之后，她背后的支柱轰然坍塌了，家人被戴上了地主资本家的帽子，从此被抽去了挺直的脊梁，丢失了梦想的权利。

多年后，海子在诗中写道："一碗泥，一碗水，半截木梳插在地上，母亲的姻缘，真是好姻缘。"生活狠狠将她甩出了梦想的轨道，这个女人熄灭了五彩斑斓的记忆，选择了一处平静的港湾。

查振全是个贫穷的老实人，他不懂花语和星空，但愿意扎实地挥洒每一滴汗水。日子虽然艰难，但两个人的微温，总好过两个人的寒冷。查振全当时还拥有一份裁缝厂的工作，操采菊则是拣茶厂的女工。两颗沉静的心遇见彼此，倒也和睦。时间的指针走得安稳，日子在缓慢地咀嚼之中透出了一丝甜。

尘埃刚刚落定，时代的急转弯又让他们摔了个始料未及的跟头。1962 年，国家推出新的分田政策，主张按照户头人口分田。老人们连忙将喜讯告知儿子儿媳，在村庄里，泥土就是人的血脉，关系着祖祖辈辈的命运。面临这个选择，他们当然要义不容辞地告别工厂，拥抱土地。

查振全走得顺利，但拣茶厂却不愿放开操采菊。无奈之下，操采菊与哥哥共同策划了一场出逃，打算在黑幕的覆盖下偷偷离开那里。不料走漏了风声，兄妹俩被捉了回去。哥哥被送到劳改队去劳动教养，妹妹含着眼泪，被罚在山上劳动，不久就听闻哥哥被打成重伤，还未来得及消化悲伤，又得知了哥哥辞世的噩耗。

哭得泣不成声时，她想起了幼年时，哥哥为她套上裸出脚指头的鞋子，自己却光着脚在旷野里跑过。他比父亲还要亲切、温暖，他聪明得像是狐狸，有一肚子的奇闻逸事与她分享。可是如今他就那样突兀地离去了，让她觉得自己背负了洗不清的罪。

这段往事，生生在操采菊的记忆里打了一个结，触到便心痛。后来，当她第三次做了母亲，儿子用闪亮的眼眸望向她时，她欣喜地噙着泪，对丈夫说："你看，孩子的聪明多像舅舅。"

儿子出生后，操采菊催着丈夫取个好听又吉祥的名字。作为女人，她懂得那个代号继承了一个男人的血脉与姓氏，尽管只读了两年书的憨厚男人在炕上翻滚了几个夜晚，也没能想出一个适合的名字来。但她还是默默提示着，希望这个神圣的使命能由他的男人去完成。

村庄里，祖祖辈辈流行给孩子批八字，查振全也为儿子批了一回，算命的老人说，孩子五行缺水。那年是龙年，传说中龙生活在大海，以海为家。为了讨些吉利，又补足八字，夫妻俩终于想出了一个合心的名字——海生。

查海生，这三个简单的字符陪伴诗人走过了许多岁月，它被誊写在户口本上，也被歪歪扭扭地填在考试卷上，在多少年后，仍被人们轻轻呼唤着。于他人，这是个再普通不过的代号，于父母亲，却是寄予了无限的爱与祝福。他的诞生是一道光，为这个承载了太多悲伤的家庭带来了色彩。

经历过两个女儿的夭折，查振全与妻子对小海生的照顾尤其细致入微。生怕一个不留神，被再次剥夺了为人父母的幸福满足。幼年时，小海生有些弱不禁风，瘦小的身躯让家人不禁为他担心。最需要营养的时候，母亲的奶水却枯竭了，慌乱中，将准备卖钱的鸡蛋给母亲补了身体，但还是未能激活那口干枯的井。

好心的邻居建议，买些红砂糖冲给孩子喝，能够补偿些营养。父亲磨穿了鞋底奔到十几里外的小镇上，得知镇里红砂糖供应紧张的消息，他再度徒步了几十里走到县城供销社，但由于没有糖票而遭到了拒绝。

这个一向不善言辞的父亲，在那一天对着营业员说尽了美言，仍然没有得到特许。他在心里暗暗责备自己，生了一张笨嘴，不懂语言的艺术。一想到小海生饥饿的样子，他恨不得用全世界去交换他的一口温饱。无奈之下，查振全返回了村庄，但他没有放弃，这一次，他竟然抱出了襁褓中的婴儿，连夜来到县供销社。

供销社的主任被眼前的情景动容了，他感受到眼前这个男人，全身的血管都开始躁动，而他眼神里的渴望，仅仅是两斤红砂糖。终于，他叹了口气，亲自称了几斤红砂糖。

物质富足的时代，对这样的窘迫处境是难以想象的。为了血脉传承，尊严又算得了什么呢。无须约定，家里人不会打那砂糖的主意，即使是在饥饿时候尝上小小的一口，都是奢望。几斤红砂糖，成为了特殊岁月里的特别回忆，海子身上流淌的血，因此带了红砂糖的颜色。

贫穷是一种痛，经年累月地积累在村庄的骨髓里，折磨着漫长的岁月。父亲不吝啬自己的任何一滴汗水，但回报却始终微不足道。

月子中的女人将这一切默默看在了眼里，她无法安心地躺在炕上，她要用自己瘦弱的肩膀，帮助丈夫撑起半个家。她不顾老人的劝阻，提前出了月子。她用意志力告诉自己，要像男人一样去战斗。

身体摇摇欲坠的时候，她会扶着树喘息片刻，或是坐在垄间呆望天空。一想到全家人饥饿的肚子，又会瞬时恢复了体力，埋身于田地。出于对儿子的爱，这个坚强的母亲咽下了全部辛酸，日复一日，年复一年。

或许是明白父母的隐忍付出，幼年的小海生十分乖巧懂事。他不哭也不闹，拉着奶奶干枯的指头，相伴每一个白日黄昏，将她手上的干纹拧出一朵花来，也将幼年时光雕刻为夕阳下的等待。

为了安全，奶奶时常让小海生待在木头"坐车"里，"坐车"有些类似城里的儿童三轮车，这不是寻常家庭都能拥有的物什，但查振全夫妇仍然为儿子省吃俭用买下了一辆，不问应不应该，只有值不值得。

印象中，奶奶一直在病中，却也要无微不至地照顾他，总是亲自用舌尖触碰一下粥的冷热度，再小心翼翼地送到孙子的嘴边。若是有了困意，小海生就依偎在奶奶温热的胸口上，伴着独特味道的黄梅小调，恍恍惚惚踏入梦乡。

生命懵懂的开端里，孩童的眼睛还看不清这世界，他目睹了父亲凝重的神情，母亲骨瘦如柴的羸弱，房屋阴暗低矮的空间，邻居衣不蔽体的褴褛，可清澈的笑脸仍像一朵春花。

他仿佛预见到，这里贫穷的风，可以洗去血液的灰尘，未来的某个时刻起，自己的诗歌扎根在这里，他将在这村庄的最深处，掘出文明的种子，释放世世代代的忧愁与渴望。

「 三 」
人的世世代代的脸

你家中破旧的门，遮住的贫穷很美。

——海子《给母亲》

　　最幸福的时光，是躺在记忆的被子上，被母亲的手温柔抚摸。母亲的心，盛着太多的爱，也盛着太多万物悲哀。阳光下近乎透明的丝丝白发，睡前翻身时的一声沉沉叹息，都在海子幼小的心灵里，撩拨起生命的原音。

　　文化的种子，已经融入到了操采菊的血液里，为了生计，她曾亲手埋葬过梦想，但是看着儿子日益长大的样子，她想用那涓涓细流的甘泉，开启他生命的脉搏。

　　文化基因的躁动，时而彰显出来，像是风湿病一样，藏也藏不住，时而在某个潮湿的夜里复苏。这个平日里与其他村妇没有任何区别的女人，悄悄许下心愿，让儿子的双手，拿起纸笔，放下锄镐。

　　多年后，母亲这个词语在海子的诗歌里成为一种情感图腾，反反复复地被提到和吟唱。她的期待与梦想，温暖在全天下儿子的心里。

　　村庄里，这个只有小学文化程度的女人，起码能够认识基本的汉语文字。遇到难得的空闲时刻，她会有意接触些村里的文化人，日子久了，倒也成为了不远不近的朋友。有人找查裁缝裁衣时，常会捎些家里的旧书旧报。这些断裂的文化碎片，就成了海子的启蒙读本。操采菊将它们编成一个个简短的故事，讲给儿子听。

　　听故事时，海子是安静的，虽不能完全领悟，但也陶醉于母亲满腔坚韧如泥的柔情里。生活中的其他时刻，他从未在母亲脸上再找到过那种神情。从不懂到懂，母亲的故事是他精神世界的乳汁，淡淡地滋养着他，生出血肉。

　　大一些时，他开始用好奇的目光探索旧报纸杂志上的方块字。母亲边读，他睁大着眼睛在字里行间上下移动，日子久了，竟也识得了不少文字。

　　坡公诗曰："人生识字忧患始。"但在操采菊看来，只有认识汉字，才有可能认识自己。在村庄里，找到有字的书本是困难的，很多书报，经过反反复复地翻阅，软得一碰即碎。在母亲的膝头上，海子完成了幼年的启蒙，打开了探索生命的第一眼。

　　海子两岁多的时候，全中国开始了一次史无前例的大运动。它像是一阵疾风，刮过中华版图的每一寸土地，连这个落后的南方小村庄，也毫无例外。

　　古老的秩序在一夕间被打破，人性的另外一面被迅速放大。宁静的小村庄再也无法宁静了，人们时而亢奋，时而挣扎，时而困惑，呼吸里带着静电，连鸡犬也开始狂躁吠叫。

孩子们单纯的眼睛，还无法解读这种变化，但气味的偏转，也让他们嗅到了一丝不安定。

生活总归离不开柴米油盐，查振全夫妇在群体活动之外，仍然要为了一家生计而劳作。每天的诵读之后，已让人耗尽了口舌之力，回到家里，除了缝纫机和厨房做菜的声响，空气是寂静无声的，一方面是为了积攒力气用在广场上，一方面也是为了防止隔墙有耳，被做文章。

年幼的海子并不喜欢这种氛围，他想做些什么，让这个家里再增添些欢声笑语。于是，他做了一次勇敢的尝试，拉着父母的衣角到一旁，把母亲讲述给他听的故事重新复述了一遍，家里人先是愣了几秒，接着高兴得合不拢嘴。

海子见自己的努力达到了预期目的，更加兴奋了。于是干脆学起了每日见到的"红袖标"，背着手，挺直腰杆踱步背诵起《毛主席语录》，让人惊奇的是，竟然字字精准，滔滔不绝。全家人都惊住了，仿佛看着一位破土而出的天生奇才。

一个小小的举动，已足以让父母亲欣喜若狂，他们仿佛瞥见了这个孩子的未来轨迹，定是一抹亮丽耀眼摄人心魂的色彩。憨厚的父亲做了一个重大决定，让海子去参加背诵会。

热闹的背诵会上，人们早已习惯了规则流程。当听闻一个四岁的孩子即将登台背诵时，村民们的脸上流露出了一丝不相信。查振全一生谦逊自卑，从未觉得自己如此信心十足过，他将儿子抱上背诵台，骄傲地俯视了一次哄笑的人群。

对于海子来说，那个台子与他瘦小的身躯相比，显得很大。他穿着父亲为自己缝制的卡其制服，用晶晶亮的眼睛望向人群，轻轻开启了稚嫩的嘴唇。那时的他，还不知紧张为何物，台下都是平日里能够见到的乡里乡亲，他就像面对父母亲那样，一句句、一条条地开始了背诵，直到人们怀疑的神情变成了惊呆的脸，台下开始响起稀落的掌声与喝彩。

父亲脸上的笑容越来越大，将皱纹都挤到了脸颊两边，伴随着百感交集的颤抖。开始有人挤到他的身边，羡慕地拍了拍他的肩膀，夸赞他有一个天才的儿子。

开始，人们以为这个孩子只能背上几句，却不想，字字句句排山倒海地不断涌出，喝彩声与惊叹声越来越强烈，村民们望着台上的瘦小身影，用力拍红了手掌。如果生活的镜头能够近距离地给父亲一个特写，他的眼底一定充盈了泪水。

背诵会接近尾声，海子以最小的年龄获得了冠军，查振全的脸上堆满了荣光。他用一双布满黄茧的手，举起海子骑在自己的肩头上，在一路欢呼声中回到自己的小屋。

这个一向善于压抑情感的父亲，内心已经汹涌澎湃。流着我的血脉的你，会重蹈祖辈的生活吗？如果可以，就让我倾尽所能，为你打造一双逃离的翅膀吧。即使转身的瞬间，我已年华虚度。即使空留一段风筝线，收存年老时光。

年轻时，查振全学门裁缝手艺，就是为了远离农田，摆脱农民的角色。生活所迫，他未能完全避免，但是总归也比其他人活得舒坦些。从在儿子身上看见"天才"二字的那一刻起，查振全暗下决心，一定要让儿子走上读书的路，告别人生之艰难，让他有能力冲出这座小村庄，奔向更大的世界。

这位朴实的农民，当时还不懂得天才的真正含义。天才是孤身一人与整个世界作斗争的人，天才要拥有接近疯狂的崇高信念，天才的人生常常伴随着悲剧与不完满。

他们用纯净之爱净化丑恶之心，他们会被人误解为疯子或傻子，他们扼住命运的喉咙，也被命运扼住喉咙。当然，天才的名字也将会大放异彩，永远不会被历史的诗篇所抹去。

「四」

村庄是一只白色的船

我像空气中的寂静正在成长，化身为人。

——海子《但是水，水》

不管蝉声高唱的，关于谎言还是背叛，太阳永远映着赤诚的心。还是孩子的海子，那个脸蛋圆圆的可爱男孩，他的笑容天真烂漫，他的神情愉悦温暖，黑色瞳孔里燃烧着生命的火焰，光洁的皮肤上铺洒着温暖的阳光。

由于后来流传比较广泛的一张海子像，很多人对他的印象是胡子拉碴，不拘小节。但其实，海子非常爱干净，并不是一个邋遢诗人。小时候，即使是玩耍归来，也不见身上会沾着泥巴，这在农村的孩子群里，是少有的现象。

村庄里的时光平淡而缓慢，不似城市的焦躁而漫长。海子在这片土地上修炼了一颗赤子之心，出淤泥而不染，他日成长为胡须少年，才能站在山巅，笑看潮起潮落，遨游于喧嚣陈杂的凡尘之中。

1968 年，海子四周岁了，父亲查振全不忘自己的诺言，拉着手将他带入了小学的大门。顶着"天才少年"的光环，海子开始了读书生涯。当时，他是班里年龄最小的学生，个头也最矮。

父亲站在教室门口，看着儿子小小的身躯坐在了中间第一排，泥巴搭建起来的桌面几乎挡住了他的视线，心里莫名涌起一阵热流。

因为背诵《毛主席语录》的事，学校里无人不知海子的天资聪颖。观察下来，从识字量到领悟能力，的确称得上佼佼者。只是为了清楚地看见黑板，海子常常站着上课，因为一坐下来，世界就被课桌挡去了大半边。后来，老师在他的长条凳子上钉了几块木板，他的屁股才得到了休息，只是两只脚要高高地悬空，触不到地面。

海子之后，查振全夫妇又先后有了三个儿子，仿佛是上天为之前的恶作剧感到了羞愧，接连进行了补偿。人丁兴旺自是好事，但相伴而来的，生存环境变得更为窘迫。

小小年纪的海子已有了作为哥哥的责任感，闲暇时间里，也扛起了一些力所能及的劳动。稍大一点时，海子加入了"赚工分"的队伍，课余时间去生产队里打些猪草，也能帮助家里解决不少负担。

清晨踏着朝雾，少年背着小箩筐来到村外的小树林边上割草，将筐子堆得满满的，再原路返回，挥着汗滴背回村里。有时出发得不够早，山坡附近早已光秃一片，他就要走更远的路，平添了一段脚程。

村庄里，每一滴汗水都不是白流的。年底时，海子赚下的工分也能换回几十斤稻子或小麦，这让他充满了成就感。

多年之后，海子还能够清楚地记得，他割草回家，父母亲已经去了田地里。他做的第一件事是揭开锅，看看是否有食物，如果有，就烧火热一热，如果没有，就直接背着父亲给他缝制的帆布书包，向学校的方向走去。

饿得极了，海子也曾在课间休息时，与其他小朋友跑到田垄偷几颗芋头或拔上几根萝卜之类的就跑。被大人们故作凶狠地呵斥几句，也便不了了之。村庄里谁不知道饥饿的滋味，人们都对孩子给予了放任和宽容。

相同的压力若是乾坤挪移到今日，定会令许多孩子叫苦不迭，但那时的人们内心强大，海子从未因为家庭的压力而耽搁过学业，每一次考试成绩，这个小个子总是占据着第一名的山头。

查振全夫妇最开心的时刻，就是儿子捧着大红奖状回家时。查家世代务农、以耕为生，把太阳从东背到西，再把季节从春背到冬。村里的几条山路，被祖辈们的脚反反复复丈量了无数次，他们都有些倦了，觉得这村庄，只有沧桑，没有威严，如果有机会去打破这一命运，他们将不遗余力。

成就常常伴随着猜忌，这个小村庄不例外，对于年幼的孩子也不例外。查家湾的海子总是在考试中得到第一名，这让其他孩子的父母感到了不服气。饮着同样的井水，每天奔跑在同一个山坡上，怎么他家的孩子，就生了特异功能，远远地将伙伴们甩在了后面，思来想去，或许是查氏夫妇隐藏了什么特别方法。

为了拉近与"天才"的差距，父母们用尽劝导、责骂，甚至踢打等方式，同时也将好奇的触角伸到了查振全夫妇那里，连田垄里的吸烟望天时间，也不忘追问天才培养的独门秘籍。

面对诸如此类的疑问，查振全夫妇当然一笑置之。但他们夫妇越是说"没有"，越有人好奇心旺盛。

忌妒滋生谣言。有人说查裁缝用私房钱贿赂了班上的老师，老师教给海子的知识，是其他小朋友的双倍。好事者还真找到了老师兴师问罪，将老师问得丈二和尚摸不着头脑，老师让他拿出证据来，又支支吾吾说不出个所以然。

无奈之下，老师说出最直接的话来。海子的成绩源于他头脑聪明、努力刻苦，羡慕人家，就在自己身上找原因，何必编造出老师的"小灶"和父母的"秘籍"来欺骗自己。

家长们悻悻然地回到了家，再次询问自己的孩子，查海生真的那么聪明吗？孩子们竟然回答："查海生不看书也会做题目。"真相水落石出，再不平衡，也要服气。同样渴望冲出大山的村民们，开始嘱咐自己的孩子，追随海子，与他一同进步。

诗人在童年里，最敏感的自然是语言。操采菊为孩子打下了深厚的阅读底子，海子的作文是班里最优秀的，他常常站在讲台上大声朗读，赢得崇拜的目光。数字题目同样难不倒他，口诀公式过目不忘，演算题目几乎很少有犯错的时候，无论是否同年级，很多孩子都跑来请教难题的答案，他仿佛不用费上什么工夫，就给出了准确的答案。在查家湾，这位天才少年的威望越来越高，他就像一块磁铁，吸引了人们的称赞与注意。

如果仅仅会做功课，海子未必是一个受欢迎的孩子，之所以得到伙伴们的拥护，更因为他还是远近闻名的游戏王。男孩子最喜欢的游戏就是打仗，拿着木壳枪、木刀、木棍作为武器，分为两军阵营进行斗智斗勇。赢的一方就是英雄，输的一方会被人用纸条在脸上粘上假胡子。

因为海子的号召力，他总是一方阵营中的"元帅"，元帅不仅要独善其身，还需要精心布局，分配任务，制定科学的战略步骤。开战之后，经常是尘土飞扬，呼声四起。被"武器"碰触到身体的就要倒下装死，剩余伙伴奋勇杀敌，场景甚是激烈。

当胜利的红旗插上敌方阵营时，败方集体投降，被胜方的士兵粘上假胡子，双方热烈拥抱，高兴地结束一场战役。查元帅总是胜利的时候多些，每逢失败的时候，也会有些闷闷不乐。但是终归，孩子们的世界是快乐的，没有恐慌，还不懂什么叫寂寞。

"打仗"游戏结束后，孩子们会跑去池塘洗去灰尘，村庄里的水是温热的，像温柔的手臂，拥抱着孩子们柔嫩的肌肤。顺带着，有人还会在池塘中采到藕，你一口我一口地吃掉，分享另一种快乐。

这快乐可让父母亲们倒吸了一口冷气，每年都有陷进淤泥溺水身亡的孩子，大人们都闻"池塘"二字色变，他们气急败坏地奔向那里，大声喊叫孩子的名字，胆小的慌慌张张游到岸边，被父母拎着耳朵带走。胆大的则充耳不闻，将头扎到水里躲避责骂，时而换一口气还不忘朝着河边做一个鬼脸。

每逢这时，家长们都会气得不知如何是好，只好向河边洗澡的海子求助，因为海子在孩子中间有威信，海子穿好衣服，站在河边喊上一嗓子，"别玩了，回家！"几分钟工夫，十几只湿漉漉的脑袋便露出了水面，接着光屁股爬上岸来。每次回家都有些挨打的倒霉鬼，但是下次依然会发生一样的事情。

　　查振全得知这样的事情，也很恼火，他多怕失去这个孩子，虽然此时海子已经有了两个弟弟，但是父母亲自小对他投以的紧张情绪，从未消散过，他们总害怕，一个不留神，这个天才少年就会离他们远去。

　　每逢去池塘被发现，查振全就将他关在屋子里，双脚用墨水点过标记，一旦下水，就会败露。但海子的顽皮秉性始终不能改，类似的错误一再发生，屁股也被打得红肿过，但还是收不回那颗好奇的心。

　　最后，还是母亲的办法管了用，她说其实那池塘里有一种叫"水猴子"的怪物，会抓住小孩的双脚，将其拖入深水，再用淤泥堵住人的七窍，直到没命为止，这说法吓坏了海子，从此再也不去池塘了。

　　在最纯真的少年时光里，海子经过了最无忧的几年光景，日子过得行云流水。没有牛奶和面包的生活是另一种自在世界，它让海子的唇角尽情展露着幸福的弧度，让海子的神情像在潺潺溪水中洗濯过，让生活的一点一滴敲击着他不设防的内心世界。

| 第二章 |

选择 · 命运 · 功名

「一」
双手劳动，慰藉心灵

我的愿望是在最高的峰顶，放一块石头，我要参加山的创造。

——海子《小山素描》

从村庄的天空看下去，查家湾是一成不变的风景，构图是和谐的，背景色是单调的，像是一张漂亮的明信片，风景美丽，但缺少灵动。少年海子一天天长大，成熟像是一颗石头，渐渐压上了他的心底。1974年，海子十周岁，初中一年级，这一年，他的第三个弟弟出生了。

有了心事的孩子学会了低着头走路，一边走，一边踢着路边的石子。松懈的神经需要紧绷起来，才能弹奏生命的交响曲。如果生活的选择题只给了他两个选项，他要毫不犹豫地拒绝成为一位农民。

初中的知识已经不能让他轻松应对了，除了语文、数学两大科目，还增添了英语、化学、物理等从未接触过的领域。更重要的是，这时的他读懂了父亲的期待，学习不再是一件单纯快乐的事情，在更多的意义上，它还是一把武器，让他去攻克一道屏障。

拥有初中毕业证书，在村子里就已经拥有精英的身份了。所以中学成了一道分界线，跨过了这条线，昔日的伙伴便越来越少，不是被现实逼得放弃了梦想，就是能力跟不上思想的步伐，被拉得一落千丈。一些人失去了机会，一些人失去了信心。

海子的学习功底是扎实的，强烈的求知欲望和紧迫感让他学习更认真，成绩一直保持在前列。

阳光依然在树叶上打盹儿，小狗依然在家门口酣睡，村庄里的一切都没有变。但是少年的心已日渐敏感沉重起来。读书的时候，他仿佛看见背后有两双眼睛在灼热地守望着自己，将脊背戳出一个洞。他明白，他必须选择坚持。

此时，海子就读的是高河中学，距离查家湾有十几里路，仅有十周岁的他成了寄宿生，要独自打理自己的学习和生活。第一次离家时，母亲倚在门口哭湿了衣襟。

因为三弟刚刚出生，海子每个星期都会回到家里帮忙照料，玩耍的时间几乎被缩到最短，经常一边读书，一边照看弟弟。

弟弟们喜欢海子，因为他的肚子里装满了故事，比母亲的还多。一些动人心弦的情节经过海子的渲染，能够完全吸引住淘气小子们的神经，将捣蛋鬼们变成听话的乖宝宝。其实很多时候，那故事分明是海子胡编的，但弟弟们照样听得津津有味。几天后，弟弟们再讲给村里的伙伴，一整个村庄的孩子都在传讲。

走过初一，升学的压力近在眼前，在大多数场合下，海子变得沉默寡言。无声的言语，并非完全没有感触，它荡漾在眼波里，表露于眉宇间。一些心照不宣的懂得，就将它封存心底吧，在成长的洪流中负重飞行，是心灵成熟的必然走向。

如果客观地审视自己，他有比他人都柔弱的身躯，凭着这副躯干，他能否担得起一个家庭的重任。他太懂得农民二字的含义，那是汗流浃背，那是透支生命，一生辛劳，不能换来荣华富贵，不能换来怡然自得，仅仅在温饱线上挣扎着度过时间，这不是他想要面对的生活。

在那个长长的梦想里，他先要完成第一步——考一所好高中，那时一切才有继续前进的可能。动力也是压力，黑夜里的他开始眉头紧锁。梦境里，一些幻想过多次的片段不断闪烁穿梭，时而伴随微笑触手可及，时而伴随泪水残酷消失。

性情逐渐内敛的海子，转化压力的方式不再是奔跑嬉戏，而是钻入各式各样的小说世界。在高河中学，很多同学手里都有些资源，这些小说比儿时母亲的故事更加蜿蜒曲折，常常进入一个开头，就要一路读到黄昏，看出水落石出来。

如果一句话就可以说明一个道理，为何要讲一个故事？一些不喜欢小说的人如是说。不曾体会过那些文字交织成的温暖，不曾经历过令人心潮澎湃的时刻，在实用主义面前，幻想当然显得孤立无援。但是小说对于海子而言，不仅是娱乐消遣，更是一个神秘的艺术黑洞，让他在某一瞬间逃离时间、抽离现实，在别人的故事里体验自己的感动。

每隔一段时间，他就心痒痒地想看上一本，如果实在借不到，就委托同学去借。面对关系极好的几个朋友。他会滔滔不绝地讲解，带动起一个小说迷的团队。

不过，玩物不曾丧志，上课时间，他与小说世界能够彻底告别。小说带给他的另一项收获，就是写作水平大幅提升，村庄的生活是单调的，当时的教育模式也是单调的，这样的结合常会滋生无聊的八股文字。但是海子的文章总是充满了新奇的元素，有些优美的语言，又不缺少传奇的想象。

在初中的时光里，海子印象最深刻的，还有无止境的腌萝卜。因为学校和家有一个钟头的距离，所以他一次要带齐一个星期的食物。他把它们放在铝制饭盒里，带到食堂去蒸熟。即使是令人厌倦的腌萝卜，也不是每个孩子都能吃得起，遇见饿肚子的同学，海子总是会分些给他们，他虽然心事越来越重，但灵魂底色里的纯真，至死都没有变过。

每逢回家，如果没有特别的事情，海子爱上了读书与思考。他将自己隐藏在树林里，伴着鸟儿的鸣叫，沉醉几个小时，直到母亲来喊他回家吃饭。假期如果更长些，他也会出去钓钓鱼，带着父亲制作的一副渔具，坐在安静的河边，捉几只扭动的蚯蚓，享受难得的清闲时光。

天蓝水绿的景色，美得像一幅画，不时有水鸟飞过，天、树、鸟的影子倒映在水中，让心灵得到舒服的按摩。钓鱼其实不仅是钓鱼，海子就常常呆坐半天，空手而归。心情好时，拎回两条瘦小的黄花鱼，连一个人的肚子都填不满。归根结底，是喜欢那种放松的生活节奏。

1977 年，国家正式发布恢复高考制度的消息，成为一个时代的拐点，这让一代年轻人感受到了前所未有的希望与历史机遇。中国重新迎来了尊重知识、尊重人才的春天，高考不啻一场命运攸关的鏖战，有人突破重围，从此功成名就，有人折戟沉沙，一生默默终老。

人们日夜期盼的平等机会终于来了，尤其是村庄里如同海子一样渴望用知识改变命运的少年们，纷纷摩拳擦掌，哪怕要用时间和青春来交换，哪怕通往理想彼岸的独木桥只有一座，冲在前面的人才有可能摘得桂冠。

查振全夫妇得知消息后，感到由衷地高兴，他们知道儿子的唯一出路就在这里，现在这扇大门已经敞开，查家几代人的梦想终于有望成真。他们不再允许海子帮助家里赚工分，每一份汗水都要流在读书的道路上，如果能够顺利度过中考，考上大学才不会成为一个虚幻的梦。

在 1977 年的 9 月，海子不负众望，考出了漂亮的中考成绩，本可以就读安庆市一中，但由于现实原因，最后仍然选择了高河中学。短暂地，海子拥有了蓝天白云的心情。

每一次考试，都是一次残酷的大浪淘沙，村庄里越来越多的伙伴将读书这条路走到了尽头。但海子知道，即使孤身一人，他也要拼出一种勇敢。升入高中后，他结识了另一批朋友，在新的班级里，他第一次体验到，原来自己的成绩不是最优秀的，还有那么多的人才在青山之外，高考的路有多艰难，他已经嗅到了一丝艰难的气息。

远方朦胧，但已投射出微光。那就奔跑吧，让脚步飞快更替，试着追赶黎明。靠着这种意志，海子在短暂的几个月后再度回到了成绩单的最前列。他的心沉了下来，并拧成了一股绳。

　　走出去，这个声音在敦促着他。在许多时刻，他甚至觉得自己迫切地想要远离故乡，他希望粮食不再是生命中的至重，土地不再是生命中的依恋。直到多年以后，他才找回初始的信仰，比如母亲，比如麦田。

　　儿时的憧憬，累积成一生的信念。让天真的激昂凝于笔尖吧，从此春花秋月，尽被学海隔渡。历经千万次的锤炼，才有资格谈论理想。不眠的夜里，如潮涌动的除了纷繁的公式，还有蒙着面纱的事业与爱情，它们属于未来，但是已经伸出了勾动的手指。当世界静止的时候，分明挣扎着的是一颗憧憬与坚定的心。

「二」
当众人齐聚河畔

草丛中一条小溪，一旦被发现，就是河流。

——海子《期待》

有人说，贫穷的人，更能欣赏流星之美。因为心中有愿，便比他人多出几分虔诚。在理想面前，每个仰起的面孔都写满专注。当然，在那忽远忽近的距离中，也横亘着多种多样的磨难。

查家湾的少年海子，此时还不懂得镜花水月的飘忽与渺茫。他的愿望平实而质朴。每个星期天下午，他的快乐源于香甜的水煮白菜。点缀些许葱花，没有一丝油星，但对于当时的条件来说，是难得享受的美食，味道足以让他回味许久。

在记忆里搜寻高中时光，时间的筛子已经筛去了苦，剩下了怀念。那是海子一生中最美好清澈的岁月，如同水晶或山泉。虽然肩扛着繁复的课业，可那依旧成了少年海子心中最灿烂的时光。这个瘦弱文秀的小小少年，还不知道会面临如何的人生，可他懵懂、憧憬、期盼，一颗被麦香烘煨长大的心，童稚而纯挚。

当时的高中，采取的是两年制，这种制度意味着海子在第一个学期结束后，就要做出他人生中第一个庄严的选择——文理分科。

每一条社会规则制定的背后，都有着千万种理由。一条界线将人群分为了两个部分，影响虽不是绝对的，也大抵决定了日后的人生方向。海子的成绩在班上十分优异，文理均衡，并不偏科，这在高中生当中，是十分罕见的。

如果非要在文理之间做出一种选择，连海子的老师都有些头疼。选择就意味着放弃，对于海子这种资优生来说，放弃什么都有些可惜，反倒是偏科的同学更容易做出选择。因为关系到未来的人生方向，有着多年教龄的老师叮嘱海子要慎重去考虑。

决定权交给了当事人，但老师仍然在表示尊重海子的选择之后，出于善意地建议他选择文科。他觉得这个孩子资质绝佳，记忆力好，在逻辑思维方面也高人一筹，最重要的是他数学成绩同样优异，这在绝大多数文科生当中是一项优势，在高考时也能令他获益良多。

老师的建议，恰好和海子的愿望不谋而合。此时他已渐渐发现，自己是那样喜欢着文字，这种古老的形式仿佛蕴蓄着无穷的力量，从音到形，从形至意，他几乎找不到任何一处缺憾。此时，它似一朵娇娆清艳的花，千回百转，回眸嫣然，低声而温柔地呼唤着他。在那个世界里，他仿佛能够找到一个崭新的自己，一个脱胎换骨的自己。他放弃了思索，毫不犹豫地选择了文科。

这个少年，是任性的、固执的、专情的，固守着一个小小的却璀璨的世界，他晶莹的梦，挂满了这个世界的天花板，繁华了他短暂的，像扑火的飞蛾一样壮丽的人生。海子以为，这不过是自己的选择，他的人生可以由他决定，然而，他没想到自己的决定却在这个平淡温馨的家庭中掀起了轩然大波。

他和他的父亲，发生了极大的分歧。祖祖辈辈都在黄土上以血泪换生存的查振全不愿自己的孩子重蹈祖辈的覆辙，他希望他的孩子们，能够出人头地，离开这片土地，去更遥远的大城市里，衣着光鲜，受人尊敬。他听人说，工程师这个职业很有前途，工资丰厚，社会地位高，是一份很有保障的职业。然而，他淳朴的期望，却和长子的梦想发生了激烈的冲突，两者的交锋不见硝烟，固执的父子俩却谁都不愿低头。

素来沉默寡言的查振全采取了最激烈的方式，他狠狠地教训了儿子一通，那是海子自长大以来第一次看到父亲如此生气，他不由开始后悔，或许真的是他太过自我，在理想和现实中自私地忽略了现实的力量。

由于家中浓重的火药味，善良的母亲也开始愁眉苦脸，长吁短叹。实际上，她并不愿阻拦孩子去追寻梦想，去做他喜欢的事情。谁不是从年轻时候走过来的，谁没有过漂亮得连自己都沾沾自喜的梦。只是过来人总比年轻人更加明白现实的强大。她只好劝海子听从父亲，回校向老师要求换到理科班。

海子不忍逐渐老去的双亲伤心，他郁郁寡欢地回到学校，找到老师说明了自己的要求。幸好，他遇上的是一个耐心而负责的老师，他了解海子的性情、才华和心愿，为了让这个孩子梦想成真，他决定亲自去查家湾劝服海子的父母。

查振全虽然固执，却有着农民的淳厚朴实，他怀着一颗近乎敬畏的心接待了远路而来的老师。在老师的细心劝说下，他终于放下了心结，同意海子选择文科。毕竟，老师说文科学生日后也能够找到一份好工作，当父亲的，归根究底，只是希望自己的孩子能够过得好。

老师将这个好消息转告给了忐忑不安的海子，心里的大石终于沉入海底，海子放了心，比以往更加努力地攻读学业。

在那个物质极度贫瘠的时代，这一家的生活过得十分艰难，穷人的孩子早当家，不过十几岁的海子，早慧的双眸，已经看到了父母的辛劳，明白了他们的期许，他暗自下了决定，发誓绝不会令双亲失望。除了更加发愤学习之外，海子只能尽量帮父母多干一些活，给这个日益困窘的家多挣几个工分。

行走在黄土田间的人们，在每个周末的时候，总能看到一个瘦弱的身影，低着头，弯着腰，仿佛要将这渺小的躯体埋入这散发着芬芳的泥土里。此时，海子忘记了自己不过是一个十几岁的孩子，他只记得自己是家里的长子，承载着父母最大的期望的孩子。劳累时，他会抬头看看太阳，让炙热滚烫的光芒刺入双眸，那种热烈的感觉，令他想起了手心掠过麦芒的触感，微辣，泛酸，可又有一种丰厚饱满的情绪。

土地和贫穷，令这个从农家走出来的孩子，成为了一个合格的农者。他能够熟练地分辨每一棵庄稼的良莠，嗅一嗅田间的泥土就能知道肥厚与否，他能够娴熟地操作任何田间的活计，包括插秧、施肥、收割。

他并不是精雕细琢的美玉，每一个细节都是那样美夺天工，他更像是一块沐浴天地精华而成的璞玉，不起眼、平凡，却藏着一颗瑰丽纯净的心。

在这样贫苦的条件里，海子依旧成为了一个足够优秀的少年，他并不羡慕同学的富足，也不沮丧自己的穷困，因为他知道，自己有着满满的爱和温暖。

每当他返回学校时，母亲就会从自家的菜园里，挑选几棵上好的大白菜，切成细丝，下锅，清炒，最后撒上一小撮盐花。其实并没有多少油水，油可是奢侈无比的东西，在这个家庭中常年不见踪影。可母亲做出来的白菜依旧那样香、鲜甜、可口，成为了他记忆中难以磨灭的美食。

多年后，长大成人的海子依旧时常想起母亲的白菜。记忆里，少年清秀的脸，躲在热气腾腾的白雾背后，他看到了灶台前挥汗如雨的母亲，看到了围在母亲身后一脸艳羡的三个弟弟，他们双眸中的渴望和羡慕，刺痛了他的心。他的眼睛湿润起来，不知是泪，还是雾。

那样寻常的白菜，在他们家里，依旧是难得一见的美味佳肴。母亲舍不得拿出来给自己和其他孩子们分享，只有在周末时，才肯奢侈一回，做给在外读书的长子，当作一周的伙食改善。她不是没看到其他孩子饥渴的眼神，可每次她都狠狠心，将做好的白菜收拾起来，摸摸孩子们的头说："等到你们上了高中，妈也给你们做白菜吃。"

海子忽然想笑，然而，水光却氤氲了他的双眼。其实不带任何油水的白菜并不是特别美味，可他知道，里面却有父母满满的一份爱，还有一家人饱含期待的希冀，所以不管是什么样的食物，吃起来都是甘之如饴。除了白菜之外，陪伴他度过高中时期的，还有母亲腌制的萝卜条，心灵手巧的母亲总是能将这种索然无味的食物做出独特的味道来。因而，在亲情的陪伴下，海子的高中，过得厚实而充盈。

其实母亲做得最好的是面条，这里的人喜好面食，家家户户的巧手媳妇都能做得一手的好面食。只是由于食物的严重匮乏，这些巧妇都难为无米之炊。

海子的母亲能够施展手艺的时候也不多，每到收获季节，家里总能分到几十斤麦子，父亲就将这些麦子拿去换几斤面粉，存放起来。只有在过年过节时，母亲才能一展厨艺，让辛苦了一年的家人享受上难得的美食。那亦是海子难忘的时刻，一家人相聚一堂，纵使清贫，也乐在其中。

生活的艰苦，并没有打倒这相亲相爱的一家人。在爱的条件下，苦难已经遁为无形。他们没有金碧辉煌的高楼大厦，只有一座能遮风挡雨的小屋；他们没有丰盛的山珍海味来满足胃和身体，只有一些在如今看来难以下咽的粗茶淡饭；他们也没有任何便捷的通信方式和信息来源，所有知识和信息，都源于最原始的言传身教。但是，那一代人，依旧成为了一个国家的顶梁柱。

"天将降大任于斯人，必先苦其心志，劳其筋骨，饿其体肤。"

很久之前，古人就已经将这个真理告诉众人，代代传承，但能够真
正领悟的人却并不多。而此时的少年海子，却已经从生活中明白了
这个道理，他还不知道自己将会成为怎样的人，但是他清楚，不论
如何，他必然不能辜负父母的期望，他用尽力气，全力以赴，像是
一盏苦苦燃烧的灯，执着而勤奋。

　　上苍是仁慈的，海子没有辜负它，它同样，也将不会辜负这个
勤奋努力的少年。时光静止，悄然无声，但是所有的努力都是为了
一个结果，他们在等待着，等待着……

「 三 」
安坐的灯火涌向星辰

在这个黄昏，我想到天才的命运。

——海子《天才》

苦难，可以使一个人万劫不复，也可以使人浴火重生，凤凰涅槃。当查家湾的老老少少还不明白这个真谛时，少年海子已经逐渐悟出了其中真意。他背着行囊，穿梭在日落的黄昏，田间的飞雨，山川的宁静里，仿佛知道，终有一日，自己会离开这里。

查家湾，将会成为他的故乡，永远被珍藏在心底的故乡。他会记住这里每一寸光阴下的风景，以心照出一帧帧相片，串联成他最凝重珍贵的记忆。

春来，檐下有叮咛不休的飞燕，穿过遍野的春光，风姿如画；夏过，田间的庄稼已郁郁葱葱，仰着脸，蓬勃而强壮；秋去，祠堂前的园地上将会堆满金灿灿的谷物，掬一捧在手心，坚硬、踏实、沉重，却承载了所有的汗水和欢笑；冬至，这一年终将走到尾声，雪色覆盖了这座勤恳的村庄，火炉旁，皱纹满面的阿婆声音悠长，悠长，她的故事总是讲不完。

在学校的条件十分艰苦，海子是住校生，宿舍里的条件奇差无比，可生性乐观的少年人总爱苦中作乐，将其称为"海陆空"三军。"海军"是指时常前来侵袭的雨水，宿舍常年失修，在时光的沉浸里早已千疮百孔，当雨季来临，他们总要跳下床来，拿着各种各样的器皿接水，以免被褥遭殃。

"陆军"则是角落里时不时就蹿出来的老鼠，这些鼠辈长得异常硕大，深更半夜里偷偷跑出来，在众人的床上来回遛弯，吓得他们心惊肉跳，难以入睡，最后还要担心自己的东西被偷吃，被咬得斑驳残破。其实最令他们头疼的还是"空军"，尤其是夏日，宿舍里大片大片的蚊子，乌云蔽日一般，毒性又强，每被叮咬，皮肤上总会起一个大包，奇痒难耐。苦于无奈，他们只好用被子盖了头，严严实实地，可到底暑热难耐。

纵使是在这样的条件之下，海子依旧勤奋，保持了优异的成绩。当他正准备全力以赴面对高考时，不幸却降临在他的身上。由于长期的营养不良，休息不足，他出现了肌肉浮肿的情况，有时还伴随着一阵阵的发热发寒。海子不愿旁生枝节，让双亲担忧，决定咬咬牙忍下来。他的病情却被观察入微的老师发现了，老师赶紧通知了海子的父母。

面对最疼爱的长子，他们看着海子格外瘦弱的身体，沉默了。查振全想：就算自己过得再苦，也不能苦了孩子，何况海子很快就要参加高考了，哪里能再这样下去啊。这个世代务农的老实人做出了一个对于这个家庭而言，相当重大的决定——他决定不眠不休，在夜里多做几件衣服，就算几日不睡觉，也要一周里多拿出几块钱，改善海子的伙食，加强他的营养。

海子终于吃上了食堂里的菜，虽然这些菜味道并不很好，比起之前总算是有营养多了。在他的脑海中，总是不断浮现父亲熬夜做衣服的身影，母亲在田间辛苦劳作的背影，他们都已经不再年轻，父亲的额头上已经有了深深的沟壑，而母亲的两鬓也已经泛起了白霜。他知道全家人都将希望寄托在自己的身上，他更加不能辜负他们。

他比以往更加努力地复习。夜晚的灯火清淡而微小，他借着淡淡的火光，再一次走进了深深的书海。明月高高地悬挂在中天，将少年的影子拉长，那个小小的身躯，越发显得清瘦渺小。

等到一模考试时，他已将书本中的内容记得滚瓜烂熟，甚至可以倒背如流。然而一模成绩公布之后，海子的名次并未遥遥领先，只是中等水平。他看着试卷，心中又是伤心，又是惶恐，最后却不明所以。明明自己已经足够努力，为什么成绩却不尽如人意呢？

老师们热心地帮他分析原因，最后大家认为海子的基础十分扎实，然而，就是他过于扎实的基础，令他在完成试卷时不能脱离书本上的知识，形成独立的解题思路。他们建议海子多去思考一下别的同学做题的方式，早日形成自己的独立思想。海子恍然大悟，他立即借来别人的试卷，顺着别人的思路解题，遇上不懂的地方，便连忙去找老师请教。对于这样勤奋好学的学生，老师们自然是乐见其成，格外尽心。

等到二模考试时，海子已是准备许久，成绩出来后，亦是令人松了一口气。这次，他总分名列班上第一，而第二名的分数则落后了他几十分。这下，连老师们都为他欢喜。此时的海子，如同弦上的箭，正蓄势待发，等待着最后的全力一击。

这段往事，像是一块海绵，轻轻挤压就是一片血汗，然而，对于海子来说，却是那样的充实、平和、宁静。他已忘记当年的自己，如何走进那个将会决定他一生的考场中，他只记得自己临行前，父亲殷切却不敢过分流露的眼神，母亲沉默着再一次检查随身物品的动作。

大爱无声，他庆幸，自己生在了这个虽然贫苦，却充满爱的家庭。怀着这样的信念，穿着朴素衣服的少年，对答如流，清秀坚硬的字迹从笔端流淌而出。这支笔，仿佛不再只是一支单纯的笔，它更像是一把闪着淡淡金色光芒的钥匙，轻轻叩开了通往另一个瑰丽世界的门。

考试结束，意味着为期两年的高中生活也即将落幕，海子放下笔，心中有不安，也有踏实，有喜悦，也有感慨。在试卷被收走的最后，同学悄然无声，仿佛谁都知道，被收走的并不只是那么一张张淡薄的纸，那其实是他们的未来，沉重却灿烂自由的未来。海子无声叹息，唇角终于流露出一丝平静的笑意。

看到他的笑容，一向器重他的老师放心了，同学们纷纷围了上去，嚷嚷着问他的答案，在他们心中，海子的答案一向准确，就是他们的标准答案。

海子不是神，当然也会出错，然而，他依旧毫无隐瞒，一五一十地告诉了身边的同学们。有人哀叹，有人欢呼，如同几家欢乐几家愁，等到所有人散去，他才有机会给一直焦灼不安的等待着他的父亲，一个坚定沉稳的眼神。

他知道，在自己考试的时候，父母虽然一直都没有给过他压力，可心里的紧张，却远甚于他，父亲坐立不安，母亲虔诚地祈求上苍，此时的海子，没有多说什么，他只是将心底的感激和安慰，以这个小小的眼神，传给他们。

看到儿子的眼神，父亲明白孩子这次应该考得不错，肯定了这个认知之后，忠厚老实的脸上，忍不住露出了欣慰的笑容，他用力拍了拍孩子的肩膀。

父亲的意思，海子也明白，他冲着父亲笑了笑，其实他已经大致估摸出了自己的分数，只是沉稳踏实的性格，让他在最后成绩公布之前，不愿夸下海口。

父子俩将宿舍里为数不多的物品整理好，当父亲的把比较重的东西尽数背上了自己的肩头，海子则拿着一些零碎物品，跟在父亲的身后。那是一个格外清爽的夏日，海子踏着蝉声，告别了自己的高中时代，在这里，他从稚气未脱的孩子，长成了坚毅勇敢的少年，尽管他还是那样瘦弱，但七窍里深藏着的灵魂，已经经受了人生的第一次熔炼，变得坚强而不失韧性。他回头看了看校舍，父亲摸了摸他的头，示意他该回家了。

海子也想尽快回去，让急切的母亲安心。十几里的路，他们走得飞快，没等到天黑，就回到了查家湾。此时此刻，在海子的眼中，这个熟悉的小村庄，更多了几分亲切熟稔，一草一木，都令他眷恋。他看到了自家屋顶，袅袅升起的炊烟，血液中的温情突如其来，他丢下东西，快步走到家门口，轻轻地喊了一声：妈妈。

母亲果然给海子做了一大桌的好菜，贫穷许久的查家已很久没有在餐桌上出现这么多菜肴了，弟妹们等着归来的哥哥，虽然饿得直流口水，可依旧没动桌上的一分一毫。少年吃着久违的美味，每一个味蕾里，都充满了母亲的爱，他想说些什么，可是满腔的感恩与心疼，不过化作唇边一个笑容，他知道，自己什么都不用说，世界上最了解自己的，就是母亲。

那天夜里，他睡了很久，很久。这样舒心踏实的睡眠，海子亦是久违了。他背负着的包袱，终于可以轻轻放下来了，暂且当一个自由流浪的旅人，不必顾忌天地苍茫，天大地大。他像是做了一个甜蜜的美梦，梦里，稻花香，飞燕忙，他穿梭在绿衣葱葱的田野里，春光细腻，春风温柔，这是春天的查家湾，他成长的查家湾。

梦里，父母都穿上了一身新衣，弟弟的鞋子不再有开口，他们呼唤着他，一家人的温馨，被定格成全家福。梦里，他所希望的一切，并不仅仅只是在梦里。

「 四 」

南风吹木，吹出花果

不知风起何处，又将吹往何方，连村庄也睡意沉沉。

——海子《弑》

　　当东方的第一缕云绽放出波澜壮阔的色彩，当云后的晨曦散发第一缕微光，当这座安谧沉静的小小村庄从睡梦中醒来。新的一天，重新开始。过往的一切，在时光的催促下已经安然落幕，而新的未知，正在以某种神秘的脚步悄然前来。

　　这一天，海子睁开双眼，仿佛有种清新神奇的力量，充满了全身。他望着桌台上轻轻跳动的灯火，目光沉静而坚定。母亲早已起床，洗脸的温水放在床头，她温柔地凝视着海子，开始收拾他的书包。父亲走了进来，咳嗽了两声，寡言的他想了许久，才拍拍儿子的肩，说："别紧张，仔细算算。"其实紧张的，应该是他自己吧。海子点了点头，背上书包，踩着清晨细微的光，按捺住忐忑的心情。

这天，是学校拿到标准答案的日子。他还只是一个十五岁的少年，就算心中再沉稳有底，难免也会在手心攥出一把冷汗。他的目光，落在每一行文字上，心中默念着老师说过的"估分原则"，仔仔细细地从上到下看了好几遍，最终才得出一个最稳妥的分数。

海子强忍住心中澎湃的情绪，将心中大概的数目告诉老师，他算出的分数大约是三百五到三百七之间，这已经是一个很高的分数。老师又惊又喜，当即说这样的分数已经足够上一个重点大学。估分之后，就是填报志愿了。

如果说高考只是一座通往未来的桥梁，那么填报志愿，就算得上是一次信心和判断力的综合考验。这是一个很有技术含量的问题，第一步就是需要准确地估分，其次需要结合大学的分数线情况，最后再做出决定。其中，差了一步一点，就会改变整个人生的面貌。

对此，喜忧参半的家里人，也是束手无策。查振全家的大儿子，高考估分的分数传到家中亲戚耳中，善良的人们纷纷给他们出谋划策。其中，有一位在高校任教的远房亲戚建议海子填报复旦大学。其一，分数稳妥，不会出现太大的偏差。其二，上海距离安徽近，饮食风俗不会差距过大，海子也不会感到不习惯。其三，复旦亦是全国的知名学府，尤其是文科，培养出来的人才数不胜数，如果进入复旦进行深造，对海子的前途也是有益无害的。

这个建议正中查振全夫妇的下怀，尤其是母亲，她不愿自己的孩子离开自己太远。做母亲的，总会担心孩子在外，是否衣食无忧，温饱顺畅。在离家近一些的地方，孩子想要回家来看一看，也不难。然而，最终决定权，还是在海子手中。

海子的班主任老师得知海子的估分后，研究了几日后觉得海子的成绩应该高于他的估分，这样的分数如果不填报中国的最高学府——北京大学，未免有些可惜。于是，他特意跟海子以及查家父母进行了一次夜谈。

北京，祖国的心脏，在查家湾乡亲质朴传统的心里，是一个遥远而伟大的地方。或许，他们终其一生都不会踏上那里的土地，但这并不妨碍他们对北京始终怀着这种崇拜热爱的心情。在海子心中，他也十分向往着这个首都城市，书上读到过的天安门、八达岭、故宫，此时仿佛都从记忆中浮凸出来，令他不由自主地露出憧憬的神色。

对于查振全而言，去哪个大学读书并不是最重要的，最重要的是孩子在毕业之后能够找到一份好工作。而老师说，北京大学不仅是全国首府大学，有着全国最优秀的老师和学生，在毕业之后还能找到一份安稳可靠的工作，分配保险，发展空间也会更大一些。查振全就不由动心了，唯一美中不足的，就是北京到底离家太远了。但是为了海子的前途，查振全终于决定让他填报北京大学。作为一个庄稼人，他一生别无所求，图的不过是几个孩子能有出息，不要像祖祖辈辈一般，一生都老死在田间。

最后，海子填报了北京大学的法律系。法律专业，一则是一门需要记性的专业，符合海子的长处，二来毕业后能够从事司法工作，这在庄稼人眼里看来，那是吃公家饭的，几乎可以光耀门楣。他小心翼翼地将志愿书交给老师，虽然在选择过程中，他几乎都没有说上几句话，但是他心里很清楚，这份志愿书，百分之九十是不会落空的。北京大学，这座在中国人心中有着崇高地位的学校，将会成为他的母校，而北京，也会成为查海生的第二故乡。

等待会让时间变得漫长，一颗心因为焦急而无法安放。终于，高考成绩单被送到了海子的双手中。连有着多年教龄的班主任，也难以抑制激动的心情，令他递过成绩单的手，都在微微发抖。那是他从教以来，第一次教出成绩如此优异的学生，纵使是他，也难以抑制住心潮。

海子心里比老师更加紧张，虽然他知道自己的成绩必然不会低。他轻轻地打开了成绩单，看了一眼那个分数，顿时灿烂地笑了。他的父亲和母亲，亦是开怀得不知道该说什么好。

最终还是班主任先开口，他认为海子的成绩，就算是整个安徽，也是名列前茅的，这个分数，被北京大学法律系录取还是绰绰有余的。班主任的话，像是给整个查家都吃了一颗定心丸。虽然如此，母亲依旧留了个心眼，没有把这件事告诉给乡亲们，即使乡亲们想到问起，她也只说还不知道结果呢。她是担心事情会发生变数，到时会不好收场，索性关上家门。

结果终究没有让任何人失望，大红色的录取通知书被送到查家。海子欢喜得冲着天空大喊。多年的汗水，终于化作此时薄薄一张通知书，没有经历过的人，又如何能够知道，这样轻的一张纸，是怎样凝结出来的，而这张纸上，又承载着怎样光鲜亮丽的未来。

海子哭了，又笑了，他的艰苦得到了回报，而他的未来，以这样的形式，无声地向他开启，他心里有许多许多的话想要说，却难以出口。是的，所有人，都不会明白他经受过的一切，如同无人可以代替谁的人生。

一时间，村里的乡亲，都知道查振全家的大儿子很有出息，拿到了北京大学的通知书。这个消息，如同滚入沸水的石头，整个村庄都沸腾了。所有的人都涌到了破旧的查家，抢着要看那张红色的通知书，他们一边向查家父母道贺，一边羡慕地看着安静微笑着的查家长子，那个不起眼的小子，没想到还真有出息。老查家的祖坟，肯定是冒青烟了。

这个消息，在村中流传了许久，街头巷尾都在说着这件事。人们回忆起这个并不显眼的家庭时，发觉这一家在他们的记忆里，并不鲜明。父亲勤恳寡言，一手的好裁缝活，母亲勤快贤惠，并不像村子里一些女人喜欢说三道四。

"能够教出这样一个有出息的儿子，也算得上是老查家教子有方了。"上了年纪的长辈抽着旱烟，悠悠地说道。

查振全和妻子，感到一种有生以来从未体验过的荣耀感。他们出门，时不时就有人笑着说：你们家孩子可真有本事，你们也有本事。每当这时候，他们总会笑着说：哪儿的话。可是心里，终归是快活的。自己家的孩子有出息，连当父母的也跟着脸上有光，这句话说得不假。为了庆祝此事，查振全破天荒地决定奢侈一回，请乡里乡亲来吃个饭，也算是一点心意。

难得族中出了这么件大喜事，亲戚族人知道查家一向清贫，于是凑了份子，权当是酒菜钱。农家的酒席，无非是鸡鸭鱼肉等菜，可也算是难得的盛事。查家湾所有的人几乎都被邀请过来，还有海子的同学和老师。所有的人都诚心诚意地向他们恭喜，海子红着脸，谦虚地道谢。淳朴的他一时间还没有完成这样大的转换，只是羞涩地说：谢谢，谢谢。

谢的，是父母，亦是多年来帮他众多的乡亲、老师，还有同学们。这天晚上，海子第一次喝了酒，只是一小杯，却足以醉人。灯火变得迷离，笑着的脸庞也变成了数个，他的心里，忽然被一种莫名酸涩的情绪填满。

他就要离开生他养他的查家湾了吗？就要离开这些可亲可爱的乡亲和同学们了吗？就要离开那样疼爱他的父母了吗？这次离开，何时才能回来。少年海子望着席间的其乐融融，只觉得舍不得。

是啊。这十几年的生活里，这里平凡的一切，都已经深深嵌入了他的生命里，像是与生俱来的血肉，密不可分。当他背上行囊，离开这里时，不过是十五岁的少年，秀气，羸弱。他不知道，当他回到这里时，自己会是一副怎样的面容。他只知道，时光会改变一切，但是，在他胸腔里，那颗怦怦跳动着的心，是永远也改变不了的。

| 第三章 |

人群・新生・改变

「一」

一座干旱已久的城

一个穿雨衣的陌生人，来到这座干旱已久的城。

——海子《哑脊背》

静悄悄地，海子告别了熟睡的村庄，走出怀宁，走出安庆，扑入另一个世界的怀抱。这时的他，满怀期待与憧憬，还来不及思索，为什么庄稼和小鸟，不进城。也想不起追溯，他的血肉和思想诞生于故乡的胚胎，他的耳朵，遗忘不了狗吠与鸡鸣，牛哞与鸟语。

在认知的最初，贫穷的生活和诗意的土地，更容易感受到的是前者。告别了半饥饿状态下的童年与少年时光，海子将每一个步伐都踏得铿锵有力。

在最贴近心脏的地方，北大录取通知书还带着身体的温度。15岁的海生穿着一双胶鞋，带着三十元钱和一个简陋的木箱子，怀着激动的心情乘上了神秘的火车，往北前进。

北大，这是个让人无法安定的名字。不论是"民主与科学"，还是"兼容并包"，它的美名早已播散开来，撩拨着热血青年们跃跃欲试的心脏。于海子而言，那是一处梦想的圣地，让他的胸口涌起波澜。它宽容厚重，又有激情与浪漫，他愿意追随着鲜花的足迹，去靠近它、读懂它、融入它，成为它的一束肌肉。

北大的校门虽不及七八米，但略微有些前倾的牌匾摆出一个极耐人寻味的姿势，让每一颗头颅需要扬起45度角，抬头瞻望。远离家乡的寻梦者，开始对目的地感到一种焦灼的迫切，他急切地想靠近北大，这个传奇校园的庐山真面目。

穿梭在神圣的燕园中，海子觉得一草一木都是新奇而灵动的。那时，未名湖尚未孤清自傲，真知尚未被功利所湮没，北大的一切治学精神，都是其他学府所望尘莫及的。真理之声，自由之强，智慧之士，成就了它的美名。

进入北大的第一段旅程，是领略校史教育。在无数令人心潮澎湃的名字里，海子为自己的选择感到骄傲和庆幸。如此邂逅，不枉红尘的一生。

在图书馆到宿舍的路上，海子时常看到一位老人，他习惯于坐在墙角的青木板上，若有所思。有时目光碰撞到了一起，老人会回以善意温暖的微笑。后来海子得知，这位老人竟然就是大名鼎鼎的朱光潜先生，与自己来自同一片土地安庆。他感到，那瘦小的身躯里，潜藏着一座宝藏，论起他在中国美学界的地位，一部《西方美学史》便足以引发一场小小的地震。

在后来的了解中，海子更加对朱先生感到敬佩，他几乎周济过任何一个因经济困难而向他求助的学生。他给家境贫寒的学生购买火车票的事，路人皆知，而他自己的生活却十分简朴，每天几乎都是粗茶淡饭。

北大的魅力正是在此，与大师级的学者呼吸着同一片空气。季羡林、胡适、鲁迅、蔡元培……海子恨不得全身都长满了触角，以最快的速度去吸收这里的一切精华。这里的某种特质，契合了他期待已久的寻找。

区别于村庄的封闭和原始，京城的车水马龙与文化繁荣让海子觉得自己进入了天堂。唯一表达了不同意见的，是他的胃。米饭喂养出来的南方汉子，还不能适应北方城市频繁出场的面食，在学校的食堂里，海子经常出现在米饭供应处的长龙之中，眼里写满了饥饿与向往。

班级中，海子是最年幼的，个头也不高，所以同学们大多对他照顾有加。还不能适应普通话的他，总是笨拙地操着一口怀宁方言，红着脸来分辨"L"和"N"，惹得其他人哈哈大笑，也有调皮的同学会故意学他讲话的样子。作为一种善意的回击，海子也会学其他同学的河南话、四川话等方言。

这个只有十五岁的少年，将根须深深插入了北大的肥沃土壤里。那时的他单纯而快乐，还没有蓄起胡须，也未曾品尝过烈酒。他甚至还拥有一个可爱的昵称"冬子"，这源于同学们一致认为他长得像《闪闪红星》里的小主角。

在生活的温暖碎片里，海子拼凑了最美好的年华。偶尔听着窗外的风声，海子也会怀念故乡蓝蓝的天和随风起舞的白云，但北大为他打开的窗，已经令他目不暇接，难以割舍。

他给家里写了一封信，内容如下：

亲爱的爸爸、妈妈、弟弟们，我很想念你们，我喜欢上了这座古老的大都市。大都市的繁荣美景是你们不能想象的。

刚来的时候，我忙着注册。注册好学籍，一时竟找不着自己的行李，这让我满心焦灼，多亏了我的那些来自五湖四海的好心同学们和我的辅导员老师，得知情况后，都帮着我寻找。找到行李后，又帮我背回宿舍，他们看我小，帮我安置，一切都井井有条。

我的同学都很有素质，对我这个来自乡下的同学一点也不嫌弃，在生活上、学习上处处帮助照顾我，我和他们相处得十分融洽，都快成为一家人了。

北大是所名不虚传的大学，我在这里生活、学习得很愉快。

……

请爸爸、妈妈放心，我一定会好好努力，为你们争气。

请你们保重身体。

儿子：查海生

稚嫩的语言中，勾勒出来的轮廓，是一个执着的身影，是一个简单的梦想者，还嗅不出生命无尽孤独的味道。但是也从此时开始，这个纯真的少年打开了身上的全部细胞，来接收世界的讯息。

此时此刻，海子与北大宛若相见恨晚的情人，紧紧拥抱在一起，忘情沉醉，不懂抽离。一些事物迟早会到来，他即将学会思考，学会深刻，在这里，他搜寻到了人生拐角里的各种可能性，解开许多谜，又设下许多谜。

北京是一座热闹的城，也是一座干旱的城。海子不是雨水，他是同样渴求灌溉的同路者。但人们都是先渴求自由，再追寻归属。这是理所应当的轨迹。

在诗人还未成为诗人的时候，他从蛙声蝉鸣中走来，走进了行色匆匆的城市夜景。

「二」
给我月亮和身体

稻谷不断流泻到今天重新整修的打谷场上，人们感到
了成年时期收获的愉快。

——海子《你是父亲的好女儿》

海子喜欢下午，因为下午距离晚上更近些。只要周围够静，他
能一个人度过一个宁静的下午，略大的太阳泛着微红的颜色，海子
想象自己在一堆一望无际的麦田里，黄金般的波澜中飞舞，风是蓝
色的，生活是红色的——或者，是任何一个刺激自己灵感的颜色。

海子一直非常得意地以为，自己的心底下是平静的，就像一湾
深深的湖泊，在他这里，尼采所谓的酒神精神，根本就是一套七零
八碎的机器系统。海子自己便是一个完整的世界，在这个世界里，
有太阳，有月亮，有母亲和弟弟，有地球和奔跑的马匹。他知足，
所以他常常微笑示人，他有真性情。

海子永远记得，他是带着微笑走进北大大门的，那天他的嘴唇边带着浅浅胡须，眼睛散发着灿烂有爱的光芒。有人曾经问他，为什么选择北大，他说，因为知识。的确，北大的文化氛围是其他任何一所学校无法相比的，在这里，哪怕是一棵荷花，一个凉亭，一幢古老的红绿色门房都散发着古老的文化气息，这里人们的任何一个表情都会让人考量形而上的命题意义。初上北大，海子的心便沉浸在知识的海洋中。

海子学习法律学，说实话，他并不对这么一门陌生的学科有什么兴趣，比如海中之月，远看缥缈美妙，近摸总不可及。法律将这个社会约束得有条有理，但海子真正面对它的时候，却显得有些束手无策。法律学需要博闻广识、需要足够的耐心和联想能力、需要对社会的负责态度、需要感性的投入和理性的分析，这对任何一个人来说，都是极有难度的事情。

海子一下午都不想说话。

沉默中，他听见自己对同学说："我不喜欢这么厚的一本本教科书，这些东西会让我疯掉的。"同学说："我们的世界有月亮和太阳，可月亮和太阳也是我们可以到达的地方，既然头脑中的一个概念可以成为现实，一门学科又算得上什么。"海子听了，心中表示同意，面子上打了个哈哈。

海子对自己的老师说："我可能静不下心来"，同时他对自己说："我的心是为爱准备的，我的湖泊是为爱我的人和我爱的东西准备的。"

老师微微一笑，"你喜欢什么书呢？"海子淡然地看着老师，"我喜欢梭罗的《瓦尔登湖》。"

老师讶异，"这么静的一本书"，然后又说，"在这本书中，梭罗从来不拒绝别人进入他的世界，也从不阻止别人离开他的世界。"

海子颔首思索，眉毛一抖一抖，就像两个黑色的月亮。然后海子醒了，发现这不过是一场梦。窗户外面是月亮模糊的影子。他急切地打开窗户，盯着月亮看了足足有五分钟，然后，他的脑袋开始左右摇晃，一下，两下，三下，……速度越来越快，思维越来越模糊……

等他的脑袋都有点晕眩的时候，当他的意识里再也没有别的东西时，海子终于完成了自己的成果——月亮变成了长长的粗线，像是拉长的面片。这是海子从小玩到大的游戏，他对这个游戏有着颇为丰富的玩法，如果左右摇晃的幅度大一点，面片就可以拉长，就成了面条了，如果将脑袋转着看，那就像在一张白纸上用黄色的蜡笔胡乱涂抹。

海子微笑了，因为面片让他想起了麦田。然后关好窗子，朝月亮做了一个爽快的告别姿势，海子睡下。

海子梦见自己从大学毕业了，对法律学的精深研究让自己成为瞩目的人物，他仿佛处在了知识的巅峰，他肆意地在大街上以各种姿势行走，有的时候像一只青蛙，有的时候像一头牛，有的时候学一下老虎，有的时候模仿一只肥而大的南瓜，他走啊走，他拿着大喇叭，朝着街坊喊道："都出来呦！都出来噢！让我看见你们！我见了你们每个人都爱，让我都见到你们！嗨嗨！"他走出了大街，把手中的一沓子钱往散发着芬芳气的土地里抛撒，太阳一照，化成了千万颗种子，长出来一片片的麦子！

十五岁的少年很愉快地决定涉足法律学，这座知识宫殿里非常宏伟的一座，从此对一个腼腆又聪敏的男孩敞开。

可当他的梦醒来之后，又变成了那个羞涩的少年。不，梦里的海子，本来就是一个羞涩的少年。

海子的羞涩有很多原因，好像上天不希望一个文学天才说过多的话来表现自己的肤浅，他有更大的事情去做，他于是最后终于明白，自己的终极使命是对世界进行天问式的求索。同时，海子的怀宁口音让他在课上屡遭取笑，这也应该是他更加羞涩的原因之一。

英语课对海子来说就是一场永不结束的噩梦，一场缠绵悱恻的噩梦。其实海子还是很喜欢英语的，那种错落有致的发音和轻扬的音调让他形容起来，有种大珠小珠落玉盘的美妙感，海子对知识总是有直觉的热爱，他不好意思当众说英语，也不甘心封闭自己，便请教其他同学。

海子的老师知道这件事情之后，马上想找海子，鼓励一下这个异常聪敏的少年，但他马上想到，海子那强烈而独特的个性，这样会不会让他感到不自在呢，于是老师决定从外围入手——让海子寝室的同学多在临睡前进行英语对话，海子不知不觉就参与其中，感觉不错，那种不自在的感觉一去不复返，海子永远不会知道，在他茫茫的人生旅途上，曾经有一位默默的老师，给他以推动。

海子的梦于是加入了自由的成分，怎么还是那一片麦田，怎么还是那一片海，海子梦见过的无数次的海，麦田，和风。当他顺着风奔跑的时候才猛然想到，原来天下的麦田和风和海都是一样的，他没有敲敲打打，招呼人来看自己，他畅快淋漓的情思飘散在风里，告诉他爱的每一个人。

海子噏吸知识，就像风之子在噏吸空气，海子最喜欢的地方就是图书馆了，那一串串散发着哲理香味的语言，顺着海子的呼吸进入他的内心深处，于是他便跟那些伟大的人物形成了连带感应，没有什么比这种感应更让人欣喜若狂的了。

老师给海子的书单，他往往在很短的时间里就完成了，他有的时候在走廊中来回踱着步子，边取暖边看书，窗户外面是鹅毛大雪，天寒地冻，海子的心中却在燃烧着真理的火焰，如果是夏天，他就到外面的路灯下看书，蚊虫飞来飞去，丝毫打扰不到海子，炎热的空气被海子认为是涅槃之火，他享受着这一切。

很多天才都很狂妄，或者过于自我，放在一起分析，大约因为越是狭小的自我空间越能压榨出精华，而海子不是这样，他身上有一种农民兢兢业业耕种劳作的意识遗存，对学习有一种宗教信徒般的认真。

他就是在朝圣，向着知识和主流的生活层，他让自己对生活更认真一点，以弥补自己天马行空的想象啊。

为了学得更好，成为自我的掌控者，海子几乎是拼了命地学习，他是一个喜欢温习的人，他喜欢用晒麦子的方法来过滤自己的知识，翻来覆去，他的心中便是晴天。

逢周末，他带上五六个大馒头，携带着一腔热情与一种莫名的感动早早地来到未名湖畔，找一块干净的草皮，席地而坐，拿着自己的书，开始认真地默背，他专注而认真，就好像在做自己的梦，就好像在麦田里收割飞舞，面对着炽热的太阳，他是在用生命劳作。

有人说，法律学是最难掌握的功课之一，法律名词繁多，术语精细，如果不下死功夫，是绝对不会掌握好的，海子凭着自己的毅力，一背就是一整天。

夜幕降临，未名湖畔的草丛已经隐约被压出来个人形，这是属于海子的形状，他站在一边，带着一丝不易被察觉的笑意欣赏着，他有一种让世界每一处地方都压上自己印记的冲动。虫儿飞飞，落在剩下的半个馒头上，海子并不打扰它，他小心地拔下一棵青草，咀嚼，咀嚼，仿佛嚼到了太阳的味道。

随着阅读书量的增加，海子的视力越来越不行了。一次，他自己坐在床板上，盯着桌子上的一个纸包看，纸包是装枣糕的，枣糕被吃完，大伙儿便用来装盐，海子忽然觉得自己看不清那"枣糕"两个字了，他使劲眨眨眼，还是不行，他走近一看，还是那个包，于是他知道自己开始苍老了。

"从这一个时刻起，我的视线越来越模糊，从这一刻起，我的头发逐渐发白，我不知道还能不能梦见发黄的小麦，我不知道金色是不是永远不变，我的人生，就是一场赛跑，我的方向，怎么确定是远方，如果有人告诉我，我走错了路，那么，我也不会返航，我的知识，哦，我的知识就是一盏灯，可它是这么的无力……"

海子的思绪已经成了首诗，他的思绪像潮水一样，接着开始蔓延。

那么，月亮和我的身体，月亮和风和麦田，原来只在我的心中不变，原来世界上总有不一样的风，和人，和我……

「 三 」

活在珍贵的人间

我，踩在青草上，感到自己是彻底干净的黑土块。

——海子《活在珍贵的人间》

如果寒冷必须到来，就让寒冷加在我的身上吧。

海子身上的那种虔诚的责任感让他一意孤行，像个永不回头的苦行僧，可苦行僧的生活没有限制住他，他用最少的钱做最多的事，用丰富的联想和想象来填充自己的心灵。

他第一次去书店购买了属于自己的书——《呐喊》，他在扉页上工整地写下"查海生"三个字，心里有种莫名的激动，海子看书很整洁，从不在书上乱写乱画，且看书极快。他的阅读范围越来越广。

当别人穿着新鲜的衣服露出光彩的笑容时，海子选择面对自己的内心最深处，这里有鸟鸣嘤嘤，有闲庭漫步的各种动物，有翠绿的树叶子和青草，有夺目的太阳光，散射在心灵的四周。

寒假到了，就要回家了，海子却没有显示出丝毫的兴奋激动，从一方面说，他就要结束一学期的生活，要见到阔别许久的爸爸妈妈和弟弟们了，这自然是好事。

从另一方面说，北大的那种知识的氛围他是带不回去的，对知识看得如此重要的海子自然不容易舍弃，所以，本来放假的好事却成了海子犹豫的原因。在临走之前，海子给家里写了一封信，上面写道："爸爸妈妈，我很快就回来了，我在这里一切都好，我们很快就要见面了……"

可是在自己的草纸上，海子顺手写下了另外的一封给自己的信："你是，一个椭圆形的东西，被压扁了，却勉强支撑着，无须哀痛与惋惜，也无须质疑，如果上天给你一种颜色，你会选择什么。窗外的梧桐啪嗒啪嗒敲打，我自然只能做这样的一个椭圆。"

字里行间怀着一种深深的无奈，有人说这不是海子，情绪多变的海子不会有这样的稳定，也有人说这才是海子，正是因为不稳定，他的稳定才显得分外的真实，可无论如何，海子都是一个精灵而不是木偶，他将自己的心绪进行了独到的蒸发与升华过程，他一心一意地执着于此。

海子知道，此时的父亲或许正急匆匆地行走在大街上，给人家送做好的衣服，或许正专心致志地用尺子和笔在布料上画着单调的直线，此时母亲在干什么呢？在洗衣服，补衣服，还是在做着日复一日，永远不变的三餐？

此时的母亲正急切地思念着自己的孩子，自从收到了海子的来信，她便开始忙活着给海子准备吃的，海子在她的眼中就是嗷嗷待哺的小家雀，自己就是四处觅食的老雀，她用一种宗教信徒般的坚定意念为海子创造一片片蔚蓝的天空，让海子不孤单，在任何时候，任何地方都会有依托。

在那个年月，吃一顿肉都是一种极大的奢侈，为了给海子准备一顿好吃的，母亲早早地买好了几斤猪肉，洗净之后切上刀口，然后抹上盐，封好等着海子回家。

而她应该不知道，远在北京，还有一个爱着海子的人在默默地给海子以兄长的关怀。这个人就是海子的辅导员。

那是一个飘雪的天气，海子在寝室收拾回家的行李，他的心情，带着犹豫与坚定。这时他最担心的，是回家的车票，眼看着自己的同学都兴高采烈地拿着车票海阔天空地讨论着家乡，海子心中不是滋味。

忽然，一双温热的手搭上了海子的肩膀，那手的动作如此亲切，就像春天里的一股暖风，不经意间吹过人的脸庞，海子马上幸福地笑了，他回过头来，原来是自己的辅导员。

海子的眼睛里面有惊喜、有犹豫、有疑惑，欲言又止，辅导员笑着问道："怎样，这半年过得还好吧，回家的车票买了吗？"海子收敛起笑容，恭敬地听完辅导员的话，用温和的口气回答道："老师，我……我还没来得及买票……"话音未落，一张裁得非常整齐的纸片出现在了海子的眼前，辅导员手中是海子回家的车票……

海子不善言辞，他没有拒绝，也没有显得格外激动，他很恳切地接受了辅导员的馈赠，可是心里是翻滚的温暖。辅导员因为海子的接受而感动，他知道海子家里的情况，也知道海子性格里面孤僻的一面，可他还是抱着试一试的心态来找海子了，而结果是那样地令人欣慰。

对于海子来说，辅导员的这次给予无疑是雪中送炭。

有了车票，海子还需要准备更多的东西，他需要买一些东西，给家里人惊喜——这对他来说是必不可少的，海子是从家中飞出来的一只凤凰，这只凤凰不能给家里带去什么财富，可是完全可以给家里带去些许慰藉。他可以想象家里人尤其是弟弟们看到自己带回来的东西时那种欣喜若狂的表情，他可以想象到母亲那赞许的目光。海子买了一大堆小吃，还有一堆馒头，这是自己在路上的食物。

随着一声长长的轰鸣，火车开动了，北京城的高大建筑物越来越远。海子低下头，看着蜿蜒的铁路线逐渐向另一个方向伸展过去，海子的思绪也开始延伸，延伸……

车上还有几位同样来自安徽的女同学，一路上唧唧喳喳，倒也热闹。刚刚发育成熟的海子感到了隐隐的躁动，他觉得女孩子们的身上散发着青春的味道，那是最初的吸引。

故乡越来越近了。海子知道，就像他想家里人一样，家里人也一直在想他。但他不知道，在自己的那趟车还远远没有到达合肥之前，弟弟们就已经兴高采烈地在车站等待了，对于他们来说，开进车站的每班车都是一次大惊喜。就像一窝雏鹰等待打猎归来的兄长，终于，在急切的盼望中他们等到了久违的哥哥。

弟弟们都长大了，他们学着微笑面对久违了的哥哥，毫无一点尴尬的气氛。弟弟们很快接过哥哥手中的行李和肩上的背包，海子在那一刹那感觉自己的担子被弟弟们分享了，他心中蓦然腾起一股暖流，然后他感觉到春暖花开，整个世界都飘浮着五彩缤纷的花瓣，香气扑鼻，迷人极了。

这时候，一股极其悲壮的情怀也涌进了他的胸口，我要面对整个世界！我要向前！海子的步伐一下子变得坚定有力，一点长途跋涉的影子都看不到，弟弟们像一群小鸟喊喊喳喳地在海子背后议论。海子心绪沸腾，他的使命感如此地明确，他要带领弟弟们走出这种生活，迎接新的生活。

如果说海子是外出的鸟，海子的母亲和父亲就是巢中守候的鸟，还没等海子下火车，他们两个人就站在村口等候，那棵海子爬上爬下无数次的老槐树，现在支撑着父母的目光，一直伸展到远方。看到父母亲在村口遥望着，表情焦急又耐心，海子的脚步一下子就变得轻盈了，轻盈而迅速。

当他们终于走近了时，操采菊赶快迎了上去，一把深深地、紧紧地抱住了思念已久的儿子，这个动作已经包含一切了，十五岁的海子，承受了远远超出自己年龄的母爱。她笑嘻嘻地拉着儿子冰冷的小手，激动地上下打量着儿子。

在她看来，海子的个头长高了，气质明显不一样了，用她的话来说，就是"稳"了，而闪亮的眼神却明明表示出海子已经成了半个城市人。儿子长高了，也变得"洋伙"了。操采菊激动得又不知和儿子说些什么，她怕孩子给冻着，赶快把海子的手放在她温暖的腰窝里捂着，海子的心又被温暖了，他微笑着不让自己的泪水淌下来，问候了父亲，父亲连忙点着头。

海子载誉归来，在村里引起了不小的轰动，一些年纪还小的孩子都争先恐后地挤到海子的家门口，想见一见"北大"人的风采，海子的虚荣心得到了极大的满足。除此之外，还让海子高兴的是，父母的面子也得到了极大的满足，一个外出的游子，带着一丝眷恋和满胸的志气，踩着光华回来，人世间的幸福，绝对有此一项。

海子拿出自己攒的钱买的糖果，一个小朋友分几块，他此时是一个主宰者，他力求做到最大的公平。凡是来的孩子，海子让他们人人有份。山村的孩子们第一次吃这么高级的糖果，一个个都美滋滋地细细品尝，脸上的表情便是对海子最美好的回报了，这样的一次分享之后，海子的幸福感更油然而生。而比这个让海子更高兴的，是来自旧同学的羡慕。

海子回来了，从北京大学回来的，这个消息一时间传遍了海子的故乡，宛如众星捧月般，同学们一个个来家里做客。在这些同学中，海子最关心的，就是那些补习的学生。

海子不厌其烦地给他们讲自己的学习方法，他知道这些人都是怀揣着一个美妙的梦想的——一如以前的自己。自己经历过风雨之后，见到了绚丽的彩虹，走进象牙塔里去汲取更多的养料，而那些没有见到彩虹的人，那些或者孤独的，或是悲壮的，或是无可奈何的追梦人，他们的指路灯，就是海子啊。

对于梦想者来说，最重要的就是有一盏指路的明灯，追逐梦的过程就宛如在浩瀚的大海上航行，灯塔是所有的希望所在，当然，海上有风浪，有激流，有风雨，可如果目标确定，任何阻碍都是暂时的。海子在给自己以前的同学讲经验的同时，自己也越发明显地感受到自己的人生轨迹也需要一盏明灯。用他当时的话说就是，"我给别人指引一些东西，那么谁来给我指引呢？"

　　善良的智者是社会的财富，而谁是智者的引导者呢？更何况，自己并不够真正的智者品级，只是一个十五岁的年轻人呢。海子陷入了沉思。

「 四 」
以雪代马，渡我过河

> 最后一个问题，就是如何从心灵走出来，走出心灵要
> 比走进心灵更难。
>
> ——海子《民间主题》

　　犹豫的时候，沉思的时候，海子总喜欢去进行精神的探寻。最直接的方法就是看书，不是为了巧合的回答，就是为了增加见识，然后想当然地可以应对自己当时的困惑。令人惊奇的是，海子每次这么做往往都会有收获，或许凡是世界上的知识，就像错综复杂的地下水，总会有地方交汇，产生通感力吧，海子想。

　　自己解救自己是一项重大而艰巨的工程，当海子明确了自己的方法后，就集中精力来进行，所以除了去同学家串门，每天看书是他的必修课。他把自己的专业教材和课外书交替起来阅读，这样既不枯燥，又能增长见识。

每次找到同学，他都有新的想法，每次讨论，他都会表现出天马行空的想象力。他的口才有时候比别人的思维还敏捷，侃侃而谈时，他好像成为了另外一个人。

面对同学的惊异，海子暗笑不语，他知道，自己脑海中的想法是外在表现的不知几千几万倍，他从来不缺少思考的素材。

这个时候，在北大养成的好习惯也为他拓展视野打下了基础。就像在学校里一样，他每天看书都要到深更半夜，前半夜几乎没睡过觉，晚上点一盏昏黄的煤油灯，孜孜不倦地阅读下去。一本，两本，三本……海子的包并不大，过了一阵子书就读完了，怎么办呢，他就重新读，翻来覆去，每一晚上都不偷懒。

海子的父母看在眼里，欣慰又苦涩，欣慰自不用说，苦涩是因为海子这样读书以来，家里的煤油耗量多了。若在平时，父母节省得连灯也不多点，父亲每晚做缝纫活也把灯芯拨得丁点儿那么大，这样可以节省煤油，视力急剧下降。而为了儿子能看书，他们舍得让儿子去"浪费"。心里苦涩的地方，是他们只能给儿子提供煤油灯了。

海子的追寻，带来的是一个个的梦境。有的时候，他会梦见自己的过去，自己的童年，蹦蹦跳跳地在田野里走，有时候甚至梦到自己成熟的记忆力形成之前的事情。比如他感觉自己被一双有力的大手抱着，手掌宽厚而轻柔，像一个舒适的摇篮，耳边仿佛传来摇篮曲呢——粗拙，带有浓重方言口音的摇篮曲！那时候自己是多么的无忧无虑啊，是"婴儿之未孩"。

有的时候，海子会梦见北京的未名湖。一般看书看得趴在书桌上睡着之后，海子会做这个梦。不过在梦中，未名湖的水往往飘起来，清澈透明，仿佛透亮的水晶，水在海子的四周飘舞，海子惬意地睡在旁边的草丛上，水打在他的身上，潮润润的，清凉。如果他想干燥了，太阳马上就出来，将水汽晒干，然后海子的整个身体就干爽透顶，然后金黄色的阳光习惯地照耀，一直到他醒来。

很奇怪的是，如果哪天海子读书收获不多，或者读得不够认真，晚上的梦就非常压抑。如果哪天读书读得非常劳累，梦境就非常让人惬意。无论什么样的梦，早上醒来的海子从来不愁眉苦脸，他已经成为这个家的精神支柱了，他要让弟弟们有信心，要让父母欣慰，要让自己有信仰和爱，去探索未知的心灵。

农历腊月二十四是当地的"小年"。这一天，家里人要去上坟拜祖。海子作为长孙，要领着弟弟们给逝去的祖宗们上坟拜谒，磕头祈愿，以求平安，同时表达对祖宗的崇敬之情，不忘祖辈的养育之恩。

望着一个个的坟包，海子忽然感慨万千，在这一块地上，有多少经历丰富的长者，多少看透人生的智者？或者，他们都懵懵懂懂地过了一辈子，生老病死。无论有没有碑文，无论上面写的是什么，一个坟头就结束了一个生命，就像没有来过这个世界一样，——我没有意识了，怎么还存在于这个世界？

这可是活生生的万物之长啊，是人啊，其他的生物呢？鸟，太阳，鱼，麦地呢？

一时，一种悲悯的感觉从心中而来，海子呆呆地站在坟地中间，他的四周是绿色的小麦。

操采菊时刻担心着大儿子的"命运"，不知道他来年、今后的运气怎么样。海子是不大相信这个的，生命的个体自然由自己掌握，在进入坟包之前。可他还是跟着母亲去抽签了，他不想违背了母亲的意思。

过大年前的一天，母亲带着海子在附近的一座庙里抽了一签。上上签，海子没什么表情，他对于金黄色的佛像的兴趣显然比签上的内容要大得多。操采菊却显得非常兴奋，她得知是个上上签之后，像个孩子似的蹦跳起来，她百分之百相信其中的灵验度。每次烧香拜佛前，她都要恭恭敬敬地祈祷，一般要禁荤三日，净身后方敢踏进供有菩萨的庙门。

海子对这个上上签十分冷漠，为了让母亲高兴，他装出高兴的样子。可是越装就越想起这个签子，这个意向最后竟然侵入到了自己的梦中，难道真的有一些神秘莫测的力量？海子梦见金黄色的大符飘过自己的头顶，然后自己被风吹到了一个烟雾缭绕的山头，是哪里？海子说不清，第二天他醒来，看看桌子上的书，自己开始翻《聊斋》第一篇，崂山道士。

海子先是哑然失笑，继而有点糊涂，如果知识真的可以给人以解脱，中国从古至今千千万万的读书人怎么样呢？不还是俗得透顶？

知识的力量一刹那间在海子心中败落，窗外，一朵娇艳的花朵被风吹走。

生活的继续，并不代表生活的意义，海子在这种精神状态下迎来了回家的第一个新年。进入腊月，家家户户都开始忙活起来，过年就是一年中最喜庆的日子，人们打扫屋里屋外，有个规矩是这样的，地要往里扫，按照古时候的说法，在打扫的时候如果将东西扫出了屋子，就代表一年的福气被扫出来了。

海子拿着光秃秃的扫把，一把一把地扫地，他的气质明显城市化了，但他却不希望自己跟农村的生活与家里人产生任何的生分。他明白这点，扫得卖力，地扫完了就扎上一根细长的竹竿，把土屋子的门窗上梁上墙上的蜘蛛丝网以及残留的灰污逐一清理，扫净。

海子这才发现自己是干这件活的最得力人选，弟弟们还不够个子，父亲母亲的体力已经跟不上了。全部扫完之后，已经是日过中午，地上的雪没化干净，太阳照下来，满目都是耀眼的金光，海子有种晕眩的幸福，一时间，什么永恒的真理求索，什么知识和理性，都不入他的脑了，晕眩给他以极强的快感，他眨一眨眼，略微清醒，再眯缝上眼，马上就陷进去，阳光永远是他的温床。"甲光向日金鳞开"，海子忽然想到了这首诗。

地上的雪，你们给我水的意境，请你们接受太阳的力量，化成波涛汹涌，地上的雪，你有无穷的蛮力，可以载负我的重量？……海子好像遨游在绚烂的太空中，宁静而惬意，仿佛回归了勃育的状态，宇宙时而变为一个巨大的球体，时而变为一个金字塔，他就是站在塔顶上的掌控者……一阵风吹过老树，干瘪的树枝带着鳞鳞的皮籁籁下落，一直落到海子的脖颈，惊醒了海子的好梦。

海子万分失望地回到现实生活，四周依然是破旧古老的墙垣，石块堆砌，低自己一头。在不作为就没法生存的田野中，农村人进行着年复一年的播种，在存在各种过渡的城市，一个垃圾箱都那么梦幻，这就是海子的感觉。城市就是变化，可他深深地，深深地爱着乡村。在城市里的张望，因而如此地富有刺激性，比如灼热的、金黄的东西。比如，太阳和麦田和风，海子的标签。

时间就像一位耄耋的老人，踱着缓缓的步子行走，这一年终于走过去了。

年饭是一年当中人们最用心准备的一顿饭，海子的父亲查振全和母亲操采菊从中午开始就忙活，操采菊是主要的掌勺者，查振全帮着烧火洗菜，身为裁缝的他，手还是很巧的。

经过一番极默契的配合，一桌丰盛的年饭摆上了桌子，有鱼肉，有五六个炒菜，还有专门为过年准备的猪肉圆子。海子也为这丰富的菜香而感到深深的幸福，有那么非常短暂的一刹那，他甚至为物质所折服了。当这样的一刹那过去之后，他又为自己的想法感到羞涩，然后他宽容了自己，面对着父母弟弟们，露出了诚恳的微笑。

菜都上齐了，查振全瞪着格外有精神的眼睛，将围在桌子旁的家人一一看了遍。当看到海子的时候，他慈爱地笑了，他说："以前这第一口喜菜都是我吃，今年，轮到你了。"乡村的喜菜就是用肉丝和粉丝萝卜丝等掺起来的一块炒熟的菜，这是吃年饭的时候应该吃的第一道菜，家中最有发言权的人才能吃第一口。

今年，父亲让海子吃。

海子垂下眼皮，默然冥想。从此以后，这个家的重担就需要自己来分担了，自己十五岁的身躯，能不能胜任？或许只有时间能给出答案了。他拿起筷子，很斯文地夹了菜，放到嘴中。父亲母亲都笑了，弟弟们则欢呼雀跃，因为现在可以随意吃年饭了。

乡村人没有什么特别的祝福仪式，但是朴素的感情却同样真挚。桌子中间是煮肉丸的锅，一直不熄灭。当里面的肉丸熟了之后，儿子们会争先恐后地送入父母的碗里。

　　海子一个劲儿地给父母夹菜，他知道，父母平时是不舍得吃这样的饭的。他也知道，就是当下的这顿饭，他们也尽量将好吃的留给自己的孩子们，海子几乎是含着眼泪完成的夹菜动作，父母急切地说不用不用，他们的急切是发自内心的，孩子们一年到头也吃不到几次肉。他们宁愿从自己口中省下吃的给孩子们。

　　这就是当时海子和家中情况的缩影，在困苦中成长起来的海子，在困苦中养育孩子们的查振全操采菊夫妇，用最美好的亲情构造了一个充满爱的家。

　　而这爱，就是海子外出的动力，是他诗情的根本源泉。

第四章

诗歌·生存·朋友

「一」

倾听的耳朵和诗歌

> 1982，我年刚十八，胸怀憧憬，背着一个受伤的陌生人，去寻找天堂，去寻找生命。
>
> ——海子《太阳·弥赛亚》

到了第二年，海子再回家的时候，已经是夏天了，夏天的故乡和冬天的故乡是迥然不同的，用海子的感觉来说，冬天的故乡，爱是取决于自己的，而夏天的故乡，爱是这块土地强加给自己的。灼热的阳光从里到外，让海子舒爽透顶，慵懒的风和慵懒的思维，本身就是很好的休憩。

在漫长炎热的两个多月暑假中，自己应该干点什么事情呢？海子猛然觉得，自己应该分担父母的体力活了。他知道父母肯定会拒绝让自己下地，于是从家务活开始做起。中午，他把所有的饭菜烧好，用竹篮子提着送到田间地头，摆好饭菜，等着父母亲和几个弟弟来吃。等他们吃完后，再收拾好饭碗，放进篮子拎回家。自己再从锅里盛碗饭，拣些吃剩的菜，坐在灶台后面的小凳子上，边吃边烧开水。

这样的暑假对海子来说是唯一的，那种田园般的安适和直逼内心的行动力量，以后再也没出现在海子的生活里。但毫无疑问的是，海子的诗中经常出现天下和世界——在他开始用诗情表达感情的时候。

海子的诗《两座村庄》曾形容自己对乡村的感情。

和平与情欲的村庄
诗的村庄
村庄母亲昙花一现
村庄母亲美丽绝伦

五月的麦地上天鹅的村庄
沉默孤独的村庄
一个在前一个在后
这就是普希金和我诞生的地方

风吹在村庄
风吹在海子的村庄
风吹在村庄的风上
有一阵新鲜有一阵久远

北方星光照耀南国星座

村庄母亲怀抱中的普希金和我

闺女和鱼群的诗人安睡在雨滴中

是雨滴就会死亡！

夜里风大听风吹在村庄

村庄静座象黑漆漆的财宝

两座村庄隔河而睡

海子的村庄睡的更沉

海子走出村庄的时候，曾经凝望良久，脑中孕育一段恋恋难舍的感情，多少年后抒发开来。海子离开村庄，到达自己心中的北大的时候，注定不会再以一个被动接受者的身份去面对世界。最明显的表现就是他对待专业课的态度。

海子再面对自己的厚厚的教科书的时候，他的兴趣已经消失得无影无踪，那次在自己的村庄，从屋子走出来，蓦然明白的道理已注定伴随他永远的年华。知识是未必能够改变一个人的幸福状态的，那什么可以呢？海子早就开始对文学感兴趣了，他没有做任何思考，直接选择了它。

20 世纪 80 年代的中国，正是朦胧诗派盛行的时期，巧合的是，海子的心境颇合当时朦胧诗派的特点，没有头绪，却有着无限创造的可能，没有执着的目标，却有无限审美意趣的发展。

海子读朦胧诗人的作品时，尤其感受到那种潜移默化地震撼人心灵的作用，就好像在森林中迷路之后遇到了患难的友人。或者说，就像一只离群的孤雁找到了自己的伙伴。海子有种全新的幸福感，朦胧派的诗人诸如芒克、江河、北岛等人的作品，他都喜欢。而随着自己诗歌创作的进步，他越来越能体会到这些诗的韵味。

在这样的环境下，海子发现周围的同学郭伟和刘广安爱上了写诗。后者是他的室友，他常常朗诵自己的作品，让周围人夸赞或是挖苦。海子渐渐感到有趣，他自认为文字功夫不错，很向往这种以诗句表达情绪的方式，于是悄悄开始了练习。在图书馆学习的时候，会有意阅读一些诗集，将喜欢的句子抄在本子上，反复研究和揣摩。

这个身材弱小的青年，在很多体育项目和娱乐活动上都是吃亏的。所以他更喜欢将自己埋在书本里，在那里，有母亲儿时的味道，有当下的情感共鸣，也有来自未知世界的新见解。

他与文学的亲近似乎是一种必然。他保持着与诗歌的接触，直到有一天，刘广安无意中看见他练习本上的诗句，才惊奇地觉察到，海子的诗歌水平已经超过了自己。

海子的世界从此不是单向地接受了，他开始吐露自己的心声，渲染自己的感情，他像一个画家，涂抹自己独特的世界。

二年级下学期的一天，查海子和骆一禾认识了。当时骆一禾和海子是同一年级的学生，但他的诗歌创作却比海子要早。在海子真正关注诗之前，骆一禾的文章和诗歌已经在校刊上发表了。海子认为骆一禾是个十分有才华的人，他情感细腻却不矫揉造作，有自然之风，不喜欢主动找人的海子还是找到了骆一禾。

　　骆一禾比海子大三岁，父亲是著名的经济学家。很小就接触古代文学，当时已经是五四文学社理论组的组长。他最常见的行头是一件蓝色小褂，气质儒雅，总是手里握着一卷纸行走在校园里，行色匆匆。

　　这是一个诚实的人。海子见到骆一禾的第一眼就有这种感觉，他的声音和畅，使人如沐春风。当两人坐下来谈论的时候，骆一禾那渊博的见识又让海子折服了，原来骆一禾刚上大学就如饥似渴地读书，善于背诵。

　　海子基本上能接受骆一禾所提的意见，对于他这样一位诗歌初写者来说，骆一禾就是他的榜样。他觉得，自己的诗歌写作就应该向骆一禾学习。尤其是《诗经》中的大部分篇章，骆一禾几乎能一字不错地背诵出来，他学贯中西，能背诵《圣经》，这让他能够从意识形态上洞察西方人作品的主题。

　　海子特别喜欢和骆一禾交流，海子不仅将骆一禾当成自己亲爱的同学，还将他当成诲人不倦的"老师"。而骆一禾则深深地折服于海子独特的性格和他对文学狂热的爱。在跟骆一禾的交流中，海子的文学素养提高得非常快，他的诗无论是在语言、内容、形式上较之前期都有了较大的突破。这使骆一禾十分满意。

　　骆一禾的出现，可以说将海子从一个走向孤僻的边缘拉了回来。他曾经在自己出生的那个村庄感慨，智者总是孤单，别人依靠自己，自己只能靠自己。而知识的作用像镜花水月，不能拯救意识的杂乱。海子的意识没有出路，情郁于内，只能求助于文学。骆一禾就是海子的忠实的倾听对象，两个对文学都怀有热切的爱的青年，就像草原上的两棵树，沐浴着青春的风采。

骆一禾对海子的关爱体现在生活的方方面面，一次喝酒的事件就非常鲜明地体现出了这一点。当时骆一禾经常有稿费收入，生活比较宽裕。再加上他性情豪爽，不拘小节，有种"江湖情怀"，于是经常邀请自己的朋友们去餐馆里喝上点酒。

海子认识骆一禾之后，成了骆一禾最不能落下的伙伴。喝的酒不外乎二锅头等几种廉价的小酒，骆一禾喜欢用碗和兄弟们干杯，用其中一人的话说，这叫"大块吃肉，大口喝酒，梁山好汉，不过如此"。

那次几个人喝得都挺多，滴酒不沾的海子经不住劝说，也开始小口吸溜，一股极其刺激的辣味从嘴里流到喉头，再顺着食道流进胃里。海子像是在冰天雪地里被冷水浇了一般颤抖起来。大家笑他，骆一禾过来给他拍背，海子的脸通红，一股豪气从心中升起，别人能够降服这酒，我凭什么不能？于是他拿起一碗酒，一饮而尽，大家都惊呆了，海子却迷迷瞪瞪地晕了过去。

当他醒来的时候，已经是第二天的下午了。骆一禾坐在他的床边，见他醒来，脸上又是自责又是关切，连忙问海子感觉怎么样了。海子微笑着摇摇头，说："酒这东西，我这辈子是降服不了了，得了，以后我也不沾它了。"

如果是在遇见骆一禾之前，海子是绝对不会这么轻易地放弃自己挑战过的东西的。对于一个执着的追求者来说，放弃一个目标无疑是最痛苦的事，现在海子轻易地放弃了。

骆一禾端过一碗醋来，递给海子，海子喝了一半，肚子中泛起一阵恶心，做出要吐的声音，骆一禾赶紧将痰盂提过来，海子干呕了半天，却只是吐酸水。

"昨晚上都呕干净了吧，肚子是不是很痛？"骆一禾关切地问。海子微笑着说道："是吗，我不知道哩，不妨不妨。"说着，强起身来将窗帘拉开，刺眼的阳光照射进来，骆一禾下意识地捂住了双眼。海子却分外享受似的，长长地出了口气，"谁说雨后的空气才清新呢？太阳晒过的空气最迷人。"骆一禾回味着这句话，总觉得这是一首诗。

"有西方的那些大书，就多拿几本好的让我看看吧。"海子被阳光一照恢复了精神。骆一禾笑着说道："这没问题，只是见到太阳你的酒就醒了，难道是你有冷血动物的某些功能？"海子笑了。

骆一禾在异乡给了海子以亲人般的关爱，倔强的海子感到了家一般的温暖。而受骆一禾的影响，海子开始真正接触西方的古典文学名著，尤其是西方的名诗。

热爱生活的人，生活总会热爱他。海子不再固执地从生活的记忆中寻找慰藉，而是学着从跟别人的交往中获得生活的乐趣。渐渐地，越来越多的人喜欢上这个有个性、有担当，又极有才华的男生。海子真正将自己的生命敞开，是因为一次生病。

1982 年的一日，正在课堂上课的海子突然感觉自己的肚子有些疼痛，简直不可忍受。为了不耽误功课，他强忍着上完一堂课，下课时，豆大的汗珠从他的脸颊上淌下来。一起上课的学生发现之后立马跟老师一块儿，将海子送到医院做检查，结果诊断为急性阑尾炎。

手术之后，学生们都自发地来到医院看望海子，他们用自己不多的零花钱给海子买水果、买零食。海子的辅导员每天都来给他送鸡汤喝。海子躺在床上，感动得不知道怎样才好。等海子出院之后，早就有人将笔记送给他看，还有诗友专门来找他谈论文学……

如果说是骆一禾将海子的心打开的话，这些真诚地关心海子的人就仿佛是一道道明媚的阳光，让海子对这个世界产生永远的希望。

每个人都是有希望的，只不过海子从前以为自己的希望像雪底下的麦苗，需要过许久许久，需要有许多许多的准备才可以显露出来。而诗人情怀的海子，此时已经不再蛰伏，人生就是麦苗，顶着雪，吸收雪的养料，去迎接属于自己的蓝天。

「 二 」
你迎面走来，雪消冰融

收割季节，麦浪和月光，洗着快镰刀。

——海子《熟了麦子》

骆一禾比海子大三岁，在与诗的机缘中，二人共泯豪情，共淬哀怨。他们相交正浓的时候，另外一个喜欢诗的人马上就要出现在他们的生命中，西川。

西川是江苏人，比海子和骆一禾晚两年考入北大。西川外文极佳，尤其喜欢读西方诗人的原著，抱着对异域情致的欣赏，他有时候甚至会鼓起勇气看几篇古英语的著作，比如莎士比亚的戏剧。

外语的优势可以让他对西方原作品的原艺术魅力有着更深刻的感受，所以他的诗或者抒情慷慨激越，或者带有脉脉的柔情，或者刚柔并生，带有中西方融合的味道。在 1983 年，他的一些作品已发表在校刊上，引起了一部分人的注意，尤其是他外国语专业的身份，一些诗社都邀请他加入进来。西川在这个问题上十分慎重，他经过仔细地考虑，加入了著名的五四文学社。日后别人问他为什么加入这个诗社，他十分认真地说，因为骆一禾。

北大五四文学社可以说在中国高等大学里面当属翘楚，作家冯至、吴组湘等都曾经为这个诗社倾注心血。西川不是不知道这些，可他的理由竟然如此简单，因为骆一禾。一禾而已，生发滋养，默默生长，骆一禾的这个名字是西川喜欢的。他们成为了极好的朋友。

海子没有加入五四文学社，但他经常和五四文学社的一些文学爱好者们交流。所以，很快海子就认识了西川。他的印象是，这人在西方文学上的素养简直是一个加强型的骆一禾。而西川则非常羡慕海子那敏锐的感受力，两个志同道合的朋友变成了三个亲如一家的兄弟。海子非常高兴，每当三人一处闲聊，提出一个新想法的时候（比如多用戏剧的方法在诗中加入括号为注往往能够将诗的节奏拉缓，给人一个舒服的停顿）三个人就像得到了最高的嘉奖一样高兴。

在探索的路上取得的小小成功，往往比最后到来的大的成功更能给人以亲切感，也更有滋味。这样的进步虽然称不上是琼浆玉液，称不上是明志催情，但是这种润物无声的潜在力量却是绝对不能忽视的。一条迷人的路，叫作文学，骆一禾、西川和海子携手往前走，前面有雾，路也很陡，维系三个人的咒语就是这种彼此的认同。

舒服的停顿！读过很多西方诗的西川其实早就发现了这些，因为戏剧在西方文学中是占有很高地位的，只是他还只顾着窥测自己内心的更多情绪，顾着模仿一个个伟大的诗人风格，在这种创作技巧上的探索还没有进行多少。

骆一禾写了很多的诗，他的境界也正有待于更好的技巧来提拔，海子在写诗上面才是个新手，正在起步的状态。所以，三人约定，每人使用这样的规则作一首诗，然后对照评论，三人都迅速写成，互相评判，骆一禾笑着说三人的活动已经有了大观园诗社的模样。

但在一片祥和的氛围下，却有一点不协调的音符——海子。

海子既然已经选择了文学作为自己的宿命，他就像当初选择报考北大一样，拼尽自己的全力去争取。可是总体而言，海子的诗比骆一禾与西川还是有一定的距离。骆一禾跟西川能够感觉到海子的一些气馁，他们总是变着法来夸奖海子的诗，给他以支持。

海子没想到自己的诗歌生涯进行得这么不顺利，发表的诗也是寥寥无几，对于骆一禾跟西川的支持他不是不知道感激，可当自己呕心沥血胡诌出来的诗被出版社无情地退回来的时候，他真的有点接受不了。一时间，海子世界里的太阳被乌云遮住了，行走，还是停留，等待还是接受，海子不知所措。

海子拼命写诗歌的最大原因，其实还有一个，多赚点稿费让父亲母亲少辛苦一点。骆一禾的存在一直是海子的一种激励，也是刺激，每次看到骆一禾拿着稿费非常大方地请一群朋友吃饭，海子心中就不是滋味，从根源上说，他也是一个争强好胜的人，好朋友可以，自己为什么不可以呢？

海子的觉睡不好了，尤其当时已经临近毕业，出了北大的校门，自己还是自己吗？外面的世界，会跟学校里一样，给人以心灵的慰藉吗？他不知道。

以前的那些梦，好像又回来了。在就要离开北大的一天，海子做了一个十分怪异的梦，他梦见自己在一个黑洞的边缘散步，手中拿着厚厚的书，头上飞着庞大的鹰，他看到自己有滋有味地念着书，感觉不太对，走近一看，才知道是法律学课堂上的讲义。

他饶有兴趣地看着自己，绕着黑洞一圈圈地行走，忽然，黑洞中涌出一股无法抗拒的巨大力量，一下子将海子卷了进去。海子拼命地四处抓，可一片虚空，什么都抓不到。他呼喊，求救，没人答应，黑洞里面就像一个极大的旋涡，夹杂着各种物体无情地撞击到海子的身上……

海子从这个噩梦中惊醒，浑身上下都被汗湿透了，就像刚从大雨中走回来一样，海子伸出手，发现十个指头比自己刚来北大的时候粗了好多。一个男人的胸中，应该承受怎样的重量？

他走下床，边静着心边往那张破桌子走去。桌子到了，他好像被一道神灵的光华洗过，头脑异常清醒，他毫不犹豫地摊开纸，钢笔蘸一下墨水，几乎不假思索地在上面写道："借我一匹带双翼的马，借我一个黑色的灵魂，如果，天哪，你肯借给我。"

"借我一副鲜亮的盔甲，再给我多少有用的年华，四壁空空，不是我孤独的梦，天上滴着透明的雨，我把这个当做情人的眼泪，我的眼泪和别人的眼泪（天上的女子可有够亮的眼睛，这时候天应该放晴）。

"拉开这幕布吧，你，拉开你的心吧，我。

"当我伏在这块狭小的地盘上，龙都拖不走我，马应该也驾不动我，我乘着什么归去……"

海子一直写，一直写，越写越激愤，越写越文思泉涌，他感觉自己不是在写诗，而是在砌墙，如果没人来打扰自己，他是可以一直写下去的……

大约写了有一个小时的时间，海子心中才渐渐平静，他用毛巾擦了擦身上的汗，倒头便睡。

第二天，海子被一个急促而喜悦的声音叫醒，一看，是神情激动的骆一禾，他告诉海子，桌子上的那首诗通过了诗社的选拔，成功出版了。

原来，骆一禾一大早就来找海子，想让海子陪自己去选几件礼物送给将要离别的同学，可海子还在睡觉，只有桌子上摊着一张纸，好像是诗。

骆一禾走过去一看，是诗没错，但不是一张纸，他大约翻了一下，十几张，每张上面都密密麻麻地写满了字。他仔细读下去，被海子的文笔深深打动了，他能看出，这个比自己小三岁的弟弟，心中存有一股凶狠压抑的激流。他将这首诗给诗社送过去，得到了大家的交口称赞。很快，大家争相传阅海子的这首诗，骆一禾这才想起来还没给海子汇报一声。

海子脸色苍白，睁开眼发现是骆一禾，努力笑了一下，马上又拧起了眉头。骆一禾关切地问："怎么了？"海子摇摇头，说自己没事，可能昨天晚上做的梦影响了气色，脑袋眩晕。骆一禾将诗的事告诉了海子，海子非常高兴，他得到了力气，很快就穿好衣服站起来。

海子开玩笑问："比林黛玉的《桃花行》如何？"骆一禾也笑了。

海子从寝室中出来，耀眼的阳光马上亲切地将他包围住。他往远处望去，霞光已经逐渐消退了自己鲜红的颜色，在太阳四周显得有些黯然。

太阳好像被一个命令的圈包着，海子闭起眼睛，太阳便在自己的眼皮底下，先是一个不动的黑点，继而向右上方迅速飘逸，快得自己的眼神都跟不上。日出东方，其道大光，这话何其确切乃尔？骆一禾在一边，也被太阳的光芒打动了，海子不接话，他没有睁开眼，而是习惯性地沉浸在这无限温暖无比耀眼的景象当中了。

有的时候，一次细微的情感波动就足以改变一个人的思维，就如骆一禾所说的，海子的诗得到了大家的认同，海子在阳光下变得阳光十足，他真的具有冷血动物的那种功能。

海子的诗越来越有自己的性情了，有同学说他的诗歌有一种病态的贵族美，贵族对海子来说是遥不可及的事情，可正是遥不可及，才让他产生了足够的空间去填充，他将浪漫爱情与孤独落魄相结合，人们读他的诗，就好像重新认识了自己身边的那些熟悉的再也不能熟悉的景物一样。

过了四年，海子的性情没有什么改变，他依旧喜欢一个人待在一个角落里，他曾经跟一个同学打赌，对方写出任意的三个词语他都能将它们联系起来，对方故意为难，写的是孤单，孤独，孤寂，海子马上说道："我是一个喜欢孤独的人，喜欢在孤寂的黑夜体味只属于自己的那份孤单。"对方折服，一时传为佳话。

喜欢孤单，其实这种自娱自乐的方式和他的性格十分相似。一个人，只有在寂寞中才能清晰地认识自己，一个艺术家，只有守得住寂寞，他才能够有更多属于自己的时间，创作的灵感才不会丢失。

从农村来的青年海子，融合着农村和城市两种文化，使自己的诗既有昂扬向上的激情，又有豪华繁丽的抒情，有人评价海子："把乡村文化带到城市，再从都市文化中找寻失落的乡土文明，人的居住环境变了，但他所依赖的本土文化却难以改变。循着乡村和都市这两个巨大的石磨的相互转动，因而，他的写作思维里存在着巨大的空间。"这话是非常得当的。

「 三 」

毕业歌

　　我年纪很轻，不用向谁告别，有点感伤，我让自己静
静地坐了一会。

——海子《毕业歌》

　　有句话说，世间所有的相遇，都是久别重逢。其实更应该说，世间所有的相遇，都是缘分注定。行走人世，并不容易，相知相识，亦是值得珍惜。鸿雁传书也好，形影不离也罢，只要缘分不期而至，纵使身处两个世界的人，同样也能心有灵犀。

　　大学的时光，过得飞快。海子有时候会生出一种错觉，仿佛伸出手，弹指就能挽留时光。这个念头，如思想开出的花，那样美，那样奇妙，可海子从未尝试过，因为理智告诉他这是无法实现的。不论有多么留恋着如花的岁月，它终究会无声逝去，如同碧波涟漪，终将告一段落，恢复宁静。

这段时光，亦是即将步入尾声。海子和他的同学们被分配到石家庄的一家法院，进行实习。如果说课堂上传授的是书本上的知识，需要死记硬背，那么实习中学会的东西，更需要一颗有灵性的心，细细感悟，耐心挖掘，最终融会贯通。海子将从这里，学会如何审判，如何具结，如何具体操作。这是他走向工作岗位之前的实践，为他最终的工作打下基础。

这家法院里，有几位同样是从北大法律系毕业的师兄师姐，对于这些初出茅庐的小师弟们，他们表示了热烈的欢迎，特意订了一桌酒席表示热忱。席间，海子听到了许多跟课堂知识和大学校园截然不同的见闻。那都是源于最真实的社会，同海子想象当中的有很大出入，他一时间愣怔了，清秀的脸上，是一缕疑惑，一分惊愕。

在这里的工作，虽然辛苦，可海子依旧满足。他知道，所有的一切都得来不易，因而需要自己格外珍惜。每日，海子除了认真学习之外，还勤快地包办了办公室的各种杂活，将这个工作场合整理得明亮而温馨。办公室的工作人员，对这个勤劳聪明的孩子，都产生了极大的好感，他们中也有人有孩子，不过跟海子相差几岁，却并不懂事。

尤其是在得知海子出身农村贫苦家庭后，他们对他的疼惜，更多了几分。到底是穷人的孩子早当家，哪像家里的那几个小魔头，现在都不愿洗碗拖地，什么家务都要自己做。他们都是善良的人，于是时常从家里带来些好吃的，改善海子的伙食。海子羞涩地笑着道谢，并不拒绝，可当别人将家里用不着的衣物带来给他时，他却婉言谢绝了。

他人的好意，他表示感激，然而，当这种好意泛滥过界后，这种好心就已成为一种怜悯。而这正是他最不需要的，即使他现在还没有养活自己的能力，但这并不意味着他需要接受所有的同情。农家子弟的淳朴，在此时成为了一种隐形的气节和风骨，在这点上，海子当之无愧。一来二去，同事们都知道了海子这孩子的脾气，欣赏之余，更加疼惜这个孩子。索性借着给自己孩子辅导的名义，时常将海子叫到家里，请他吃饭。

在这些人的家庭里，海子第一次感受到了农村和城市的天差地别。这不仅是物质上的丰厚和贫瘠，更多的是某种精神观念上的差别。这种差别，是现在的海子所不了解的，也是他远在查家湾的父母乡亲永远不会明白的。在温暖的饭香里，他默默地咀嚼出了苦涩。

工作也令海子明白了许多事情。当他还在大学校园里时，社会之于他而言是一个神秘奇妙的象征。他渴望着有一日，他可以亲身走进其中，征服它，成为它的主宰。但是经过一段时间的实习后，他发现，那并没有他想的那样单纯美好，当然，它有美好的一面，可也有晦涩的一面，仿佛是一朵双生的花，阴暗和灿烂，连枝共气。

他曾亲眼见过一个丈夫抛弃了曾相濡以沫患难与共的妻子，理由是妻子妨碍了他奔赴海外接受大笔遗产。起初，法官并不同意两人离婚，最后丈夫以大笔金钱收买人心，最终获得了自由。被离弃的女子在法庭外放声哭泣，世界和命运，都辜负了她。对她来说，是很不公平的。海子非常非常同情她，可是他无能为力，除了同情，除了怜悯。

法理之外，不外乎人情。海子是知道这句话的，也并不反对。

但是，法律的作用是令人人生而平等，可他在这里见证了太多不公平的事。法理外的人情，某种程度上，扭曲了原本公正的法律，令强者更强，弱者束手无策，孤立无援。

他开始怀疑，成为一名法官，是否就能够真正帮助人们。这件事，对当时的海子产生了十分深刻的影响，因此当学校决定将他分配到安徽省司法厅和南京中级人民法院工作时，他拒绝了学校的分配。显然，他还是一个孩子，因为只有孩子，才会在现实和理想的激烈冲突中，毫不犹豫地选择后者。他不容许任何人来破坏他心中，那片纯贞的净土，包括自己。

实习的同时，海子仍然创作诗歌。一首诗还被一家报社录用了，无法知晓诗的风格内容是什么，但是可以想象，这件事带给海子多么大的内心鼓舞。

结束实习的海子，回到了校园，他剃了个光头，希望一切有新的生机。同宿舍的人都剃了头发，远远看去，一排灯泡，其中海子是最小的那一个。

只有在校园里，海子才感受到人间的真情和美好。这时，他收到了有生以来第一笔稿酬，虽然不多，却已足够令他惊喜。这也让他在无形之中，看到了另一条人生道路——或许，他可以不用成为已经无法实现理想的法律工作者，而是可以自由地，随心所欲地，进行文学创作。这个忽然萌生的念头，令他心有所感，暗生欢喜。

他拿着这笔钱，参加了学校的电影周。这个年代，国门刚开放不久，传播到大学校园中的新新事物，除了跳舞之外，最得众人喜欢的就是看电影了。学生们轮流做东，这天你请，那天我请，通宵达旦，不眠不休。大四下半学期，亦是难得的清闲，海子也加入了这支电影大军里，跟所有学生一样，坐在大银幕前，尽情流露所有欢喜和悲忧。这份激情畅快，今宵有酒今宵醉的热闹，是当年懵懵懂懂，一心只知道读书的查海子所不懂的，也是他无法想象的，更是今日查家湾的乡亲孩子们，不曾领略的滋味。

银幕雪白的光，落在海子清秀的面容上，他想起家乡的雪，淡淡的，浅薄的，像是蝉翼，像是轻纱，像是月光。它远远没有北京的雪那样，厚实、干燥、坚硬，它绵软清秀，微微地就可以激起他一见如故的思乡之情。他忽然，很想很想回家。

临近毕业，海子认为应该为自己失去的大学时光留下一件难忘的纪念品。最终，他选择将自己创作的诗歌油印出来，命名为《小站》，收录了二十三首诗歌。朋友们帮他准备蜡纸，设计封面，共同完成了这个梦想。

从《小站》中的作品看，海子还处于以模仿为主的初级阶段，他受北岛、江河、杨炼的影响很深，虽然也出现了"村落""麦粒""羊群"等意象，但还远远没有形成自己的风格，也不能代表自己的情感体验。

《小站》印出之后，引发了一个小小的轰动。很多同学慨叹，原来北大法律系也有诗歌写得如此之棒的。他在《小站》的后记里写道："对宽容我的回报以宽容，对伸出手臂的我同样伸出手臂，因为对话是人性最美好的姿势。"

毕业的日子临近。他知道，是时候离开北大了。这座被他视为第二故乡的城市，他也终将同它告别，他不会忘记在这里的点点滴滴，不会忘记这里的同学、老师，还有这里的一草一木。

　　所有人都不会想到，今日，从这里走出去的查海生，来日，回来的将会是诗人海子。相见时难别亦难，东风无力百花残。之前，这些青春洋溢的年轻人们，还不懂这句话的真意，非要等到亲自尝试之后，才明白离别的伤悲。但是，少年人们，莫伤悲，所有的离别，都是为了未来的重逢。时光虽然残酷，却并不会吝惜，给予重逢的机会。

　　那年，海子拿到了为之奋斗多年的毕业证书。那年，他的大学梦终于告一段落。那年，他不过是一个十九岁的少年，年轻、清秀，怀着理想，一无所知地奔赴前尘。他的心底，将永久地珍藏这段弥足珍贵的岁月。

「 四 」

语言的本身像母亲

.

面对着棵棵绿树，坐着，一动不动，汽车声音响起在，脊背上，我这就想把我的旧外套，寄给这城里，任何一个人。

——海子《城里》

目光有多远，脚步就有多远，这是诗人的定命，谁也无法逃避来自现实的巨大压力。诗人的梦很伟大，可是诗人自身是渺小的。可诗人愿意将自己的生命作为标本，展示一切价值与含义。

诗人不怕黑夜，因为即使黑暗蒙上诗人的眼睛，他却能摸索着继续前进，因为在黑夜的梦魇中，也能依傍来自心灵的明亮。

在诗歌力量的影响下，海子的所有精力基本上都用在了文学创作与阅读上，但是这并不妨碍聪明过人的他保持住自己的专业课成绩。几年里，海子的成绩的确有一定的浮动，但是海子知道自己的定位，一个农村出来的孩子，"三代不读书，不如牛马猪"的讽刺他是永远不会忘掉的。

在毕业之前，陆陆续续地，海子的诗歌开始在外面刊物上发表。他终于可以凭着自己的力量赚钱，然后，养家糊口了。而关于毕业的事情他稍微犹豫了一下，是读下去，还是马上参加工作呢？

当时选择读研究生的人并不多，如果想去工作，学校马上就能给分配。可对于渴求知识的人来说，读研究生的确是增进学问的最好方式之一。海子经过剧烈的思想斗争，还是选择了工作。这个农民的儿子，心中有家人，有担当。

最终分配的结果是，海子进入中国政法大学工作，一共分配过去的，还有另外八位同学，其中包括室友刘广安。海子对自己的工作十分满意，父母对海子的工作更是满意。要知道，中国政法大学可是在全国都数得着的好大学。

当时的中国，有正式工作的被称为铁饭碗。海子的梦想，将自己的荣耀与希望写在北京这座古老的城市中，终于实现了，这是比当初考上北大更加令人高兴的事。

如果用一个准确的词语来形容海子的心境，那就是踌躇满志。海到尽头天作岸，山高绝顶我为峰，海子的畅想终于不再局限于贫瘠的梦中，过去岁月里面的种种辛酸，在这一刹那都化为回忆里面的泡影。人生到处知何似，应似飞鸿踏雪泥，海子就是一只飞鸿，北京就是他的梧桐，他在这里落地生根了。

中国政法大学对于海子的文学才能十分欣赏，于是将他安排到校刊工作，法大的校刊归党委宣传部主管，主要是为宣传正确的思想路线、方针、政策服务，它是法大舆论导向的平台。

这是一个让海子更加兴奋的消息，一来他有了固定的收入，二来他日常的工作主要就包括了帮着修改稿子，编辑稿子，采写新闻报道。这是跟文字打交道的事情，这是他的兴趣所在。在北大的时候，曾经有人问他的座右铭是什么，他脱口而出："性情所在，所向皆立！只要我对这一方面感兴趣，我就一定能够做到最好！"

在中国政法大学，校刊每一期都有专门的版面留给老师和学生，鼓励他们写文章或诗歌发表，这也是海子梦寐以求的。诗歌创作逐渐成熟的海子更加发愤地创作，尽管校刊这一版面对文章的要求非常严格，尽管校刊的发布周期很长，这都掩盖不了海子在文学方面的才华，他的诗歌是所有师生中出版最多的。

是的，海子已经十九岁了，他已经成人了，他已经有了固定的思路去思考，当他写诗歌乏累了，就伫立在办公室外面的院子里。如果天是蓝的，他会马上想起辽阔的人生，想起古今中外那么多胸怀浩瀚的伟大人物；如果树上落下了叶子，他立马会联想到"耿耿秋灯秋夜长"；如果看到天上的鸿雁，他也会感慨一番。这就是诗人，诗人就应该是这个样子。

中国政法大学安稳的环境，让海子再次产生了好像摇篮般的感觉。海子在纸上写道："大地是我的母亲，这里是我的摇篮，我用瘦弱的臂膀，将它缓缓地推动，当我舒适的时候，我会轻轻歌唱，我见了每个人都好，我爱的人……"

这时的海子是快乐而充实的。孙立波后来回忆那时的情景说："小查在我脑海里的第一个也是至今难以磨灭的印象是，他下班回来后，时常拎一个学校发的绿色的铁皮暖壶，在我的房间不远处打水，偶尔我们会聊上几句。"

当时，海子还被选为爱国卫生委员会委员，这个组织经常在图书馆里开会，但海子总是在纸上乱写乱画，他发现还有一位委员经常在角落里玩相机，于是对他说："如果有好的照片，拿到校刊来发表吧，每张2块钱稿酬。"那个人正是同样来自北大的唐师曾，后来他们经常拿了稿费后钻到政法大学对面的小酒馆里去。

第一个月过得分外长，又分外短，海子怀着复杂的心情领取了自己的第一笔工资，九十块钱。望着这"一大笔"钱，海子所有复杂的心情都没有了，只剩下，幸福。而海子的第一反应，就是给家里汇钱，他加快步子跑到学校边上的一家邮局，用不太熟练的动作填写了六十块钱的汇款单，他能预料到，这六十块钱能够给家里带来什么——

在镇上邮局取到这笔款项后，查振全精神抖擞，怀揣着沉甸甸的"大钞"在街上来回逛，除了选挑了几件简易的农具、种子外，他还特地在一家肉铺店称了三斤瘦肥结合的膘肉，一斤七毛三分钱，三斤共计两块一毛九分钱。屠夫用稻草绳子捆扎好肉，他拎着这块肉回到了村上。

村子里的人都看到了他手上拎着的那块大猪肉，不住地和他打招呼，嘴里啧啧称叹着。

"老大寄了几个钱，咱买几斤肉给孩子吃！"海子如果听到父亲的这话，肯定会哭的。

海子在一家餐馆里吃了饭，他特意点了猪肉圆子，那年春节，桌子上的这道菜一直让他感觉热乎乎的，他知道，母亲做这道菜的时候心中是怎样的期许，他也知道，父亲让自己吃第一口喜菜的时候，心中是托付了多少希冀。这菜，肯定没有家里的好吃。

海子静静地吃完，顺着小路往学校走。月色很好，星星好像都出来了，海子的脚步下意识移动，眼睛却盯着月亮看，他已经不玩儿时一个晃脑袋的游戏好多年，现在晃几下，头就痛得不得了。长年累月的脑力劳动，使他逐渐成熟，但也失去了少年时的一些习惯。

海子放慢了脚步，许久之前，他就有一个贵族的梦。当他的诗歌被人称为有贵族气息的时候，海子十分得意。在潜意识里，这个贵族的梦就是一条蛰伏的龙，海子将这只龙当作自己的马，不知在幻境中驰骋了多少回。

他清楚地记着《聊斋志异》后面有一篇志怪小说，就是写龙，写龙有多种颜色，在深达几千尺但透明如水晶的湖中蛰伏着，开船的人叫人仔细，别惊醒了它们，否则船就翻了。海子被这一篇深深迷住了，心中的惶恐像蚯蚓一样往上爬，而那种贵族式的审美意象，古老典雅，可怕的影子，自此就在他的心里扎了根。

一片树叶有两个叶子，一条蛰伏的龙也可以将自己的生命之舟弄翻，海子是土里长出来的海子，如果必须翻船，他会毫不犹豫的，因为他爱着土地。

风，像一个灵活的幽灵，四处寻找着什么。已经深秋了啊，海子将自己的上衣紧了紧，抱着胳膊加快了脚步，他忽然想照一下镜子。

然后海子很快就出现在了镜子面前，头发很长，这是自己特意留的，嘴很大，如果抿一抿，可能会好看点，眉毛是漆黑的，颔下的绒毛胡已经颇有长度，也应该留着。海子并不是那种一看就十分漂亮的人，所以他用头发和胡子包围起自己的脸蛋，这给他安全感，然后海子可以十分真挚地笑，露出两颗奇大的门牙。

海子梳理着自己的头发，忽然，黑线丛中隐约闪过一条白线，海子坚信不是自己眼花了，他重复刚梳理头发的姿势，那根白头发又出现了。我老了！海子的心马上沉下去，像一块笨重的石头被无情地抛入河中，下沉，下沉……

他在心里默念道："我的第一根白头发，这是我的第一根白头发，我想用刀将这根白头发挖出来！将它暴晒在太阳底下，晒出油血来，还我以生命的纯元。这是我的第一根白头发，我知道这是怎么回事，我也知道，他们也有很多白头发，可是，我不能接受，就像我不能接受自己成为另外的一个人。这是我的第一根白头发，我知道这不会是第一根，我的生命已经开始枯竭，我知道这样的白头发，还会出现第二根，第三根，第四根……直到它们有足够的面积覆盖我的黑发，然后我的青春我的壮年不过都是一句玩笑话！"

他感觉到了苍老。没有比感受到自己的老去更让人惶恐的事了，十九岁的海子，一下子有了四十岁的心理。后来没几天，海子跟同事谈起人的心。他说，"我的心就是一颗在风中摇摆的核桃"。对方不解，海子说，"同样的千疮百孔，同样的坚硬无比"。对方说海子不愧是诗人，真有诗意，海子冷笑，这是诡异，不是诗意……

海子确实有点不一样了！但这非但没有影响到他的诗歌创作，反而激发了他对自己的剖析意识，诗歌也变得更加扑朔迷离，再加上他本身对于生命力的渴望，他的诗更加引人入胜。

后来，人们在他著名的"太阳"诗剧里找寻到这种渴望：

我走到了人类的尽头

也有人类的气味——

我还爱着：一切都源于爱情。

在人类尽头的悬崖上

我又匆匆地镌刻第二行诗：

爱情使生活死亡。真理使生活死亡

这样，我就听到了光辉的第三句：

与其死去！不如活着！

我是在我自己的时刻说出这句话

我是在我的头盖上镌刻这句话

这是我的声音，这是我的生命

上帝你双手捧着我像捧着灰烬

我要在我自己的诗中把灰烬歌唱

变成火种！与其死去！不如活着！

在我的歌声中，真正的黑夜来到

一只猿在赤道中央遇见了太阳。

……

诗人的心是易感的，疼痛很容易撕裂他的心脏。但是年轻的诗人却能在痛苦的体悟中，澎湃出血的歌唱。风来了，但吹不走诗人的歌，跳跃着的句子，随风游荡，它们被吹撒在无垠的旷野上，映出金黄色的光芒，蓬勃起一片绿色的生命灵光。

诗歌无疑已经成为海子的生命，有人这么描述平常的海子：

"他把主要的精力放在了诗歌写作上，即使在上班的时候，他也不会忘记打理他的句子。即便毕业离开了北大，他也利用各种机会回到母校和北大的诗人们畅谈一番。母校有着无穷无尽的智慧，海子就是要在这里吸收更多的知识精髓，为他的创作埋下深深的根基……"

海子渐渐将血脉连接在诗歌的系统里，心跳的频率与诗句的韵律相近。在诗歌一样的人生里，男人学会了分娩，他将孕育的诗句亲自节省出来，用爱恋的眼神滋养它，直到它远离自己的怀抱，在更广阔的世界里得到承认与成长。

| 第五章 |

热血・王位・爱情

「一」

亚洲铜，亚洲铜

爱怀疑和爱飞翔的是鸟，淹没一切的是海水。

——海子《亚洲铜》

　　谁的歌，铺在世界荒寂的沙漠里，滋养着美丽的仙人掌？谁的歌，璀璨在蔚蓝的天际，映托着星辰的明亮？谁的歌，散落在大海的波纹中，卷起惊天的淘浪？是年轻的诗人吧，以笔为矛，攻下一座座城。

　　海子依然忧郁着，像以前所有忧郁的时候一样。海子不喜欢被物质限制，或者，他不希望自己的生命幸福需要物质来测定，如今他有钱，可他发现，几乎所有的幸福都是钱给自己带来的——甚至，父母的微笑。而他本身那种大气魄的人所具有的对民族与祖国的爱，也给了他丰富的灵感，这样，两种情绪交叉，海子写下了《祖国，或以梦为马》：

我要做远方的忠诚的儿子

和物质的短暂情人

和所有以梦为马的诗人一样

我不得不和烈士和小丑走在同一道路上

万人都要将火熄灭，我一人独将此火高高举起

此火为大，开花落英于神圣的祖国

和所有以梦为马的诗人一样

我藉此火得度一生的茫茫黑夜

……

诗意的栖息毕竟代替不了生活的轮回，这样的规律，海子无法拒绝，只能接受。很快，秋天过去了，寒冷的冬天来了，又到了回家的时候了，海子用工资给父母和弟弟们买了衣服与北京小吃，装了满满的一大袋子。

海子很注意回去的体面，不是他对于家人，而是家人对于邻里乡亲。回去的路程海子回味了无数次，他，一个未满二十的青年，已经能够养活自己的亲人，父母那殷切的眼光曾经在海子身上徘徊了无数次。现在，他能够用温暖的笑容和温和的话语来回答父母了，海子将自己的某种消极的意识压在内心的最深处，他打算用最热烈的爱去迎接自己的亲人。

而他实现了自己的梦想，弟弟们和父母对海子的回来表示出前所未有的热忱和喜悦，海子得到了极大的满足，与此同时，这

次回来海子注意到在他家乡不远处的月山镇已经探明了相当的铜矿石的储存量，且不久后就将开采，而且有可能涉及自家附近的村落。

海子想，自己身边的这些农民，会不会失去自己耕种了千万年的土地？如果采矿业在这块土地上展开——农村选择了工业，就像自己选择了城市。

可悲？无可奈何？堕落？海子无法给这儿的人们一个答案，也无法给自己一个答案，他犹豫彷徨，因为他流淌着的血，是这块土地赋予的啊！

海子恍然一梦，一首名垂世间的《亚洲铜》问世：

亚洲铜，亚洲铜
祖父死在这里，父亲死在这里，我也将死在这里
你是唯一的一块埋人的地方

亚洲铜，亚洲铜
爱怀疑和爱飞翔的是鸟，淹没一切的是海水
你的主人却是青草，住在自己细小的腰上，守住野花的手掌和
秘密

亚洲铜，亚洲铜
看见了吗？那两只白鸽子，它们是屈原遗落在沙滩上的白鞋子
让我们———我们和河流一起，穿上它吧

亚洲铜，亚洲铜

击鼓之后，我们把在黑暗中跳舞的心脏叫作月亮

这月亮主要由你构成

海子给这首诗作了注释。在他眼里，"亚洲铜"就代表"土地"，因为亚洲的黄土地与铜有同样的质感，黄铜色也是天天在土地上耕种的人们的肤色。

"爱怀疑"的"祖父死在这里（黄土地）"，"爱飞翔"的"父亲死在这里"，"要飞"的"海水"的"我也会死在这里"。黄土地的"主人"是"青草"，"住在自己（黄土地）细小的腰上"，这是一种意象的描写，这种饶有趣味的象征是带有海子的颜色的。穿上屈原的"白鞋子"，"像河流及中国人的鸽子，像屈原那样飞遍南北，走遍所有能去的地方"。

这首诗歌影响十分深远，在海子的创作历程中至关重要。谢冕先生对此诗特别赞赏，他说："它意象明净而疏淡，展现着古老土地的忧郁以及对于悠远文化的思考。它无意于炫耀博学，也不堆砌史料，以歌谣的明亮写出了丰厚的意蕴。"

谢冕先生的评价是精准的，海子的预感也是准确的。在写完这首诗后不久，月山镇就被开发成了铜矿山，村里人的户口迁了，农民变成了工人。一首《亚洲铜》，成为历史与现实的见证。

世界不是永恒的，朋友却是永远的。在海子的心中，骆一禾和

西川是永远的朋友。他们一有机会也去海子的住处玩，文学让他们毫不拘束。

他们没日没夜地谈天说地，诗的王国现在已经完全朝着他们敞开了，尤其对海子来说，他在《亚洲铜》中表现出的那种对土地的眷恋与对世界的求知欲望，得到了人们的认同。骆一禾和西川为海子的进步而高兴，他们没看错自己的这个朋友，海子写出来的诗在某种程度上已经将他们两个人甩在了后面。

有人这么评价海子——"他青春的语言魅力是显而易见的，他构架的诗歌语言让人捉摸不定。在驾驭语言的技巧上，他显然有自己的过人之处，经过长期的语言打磨，他破坏固有的语言体系结构已经有了自己的独特方法，建立起了属于自己的结构模式，这是后现代主义写作经常用的方法之一。海子也不例外。但他建立的语言结构体系新颖，让人耳目一新。"这就是海子。

而感情的执狂，同样是海子感动人的地方，他喜欢梵高，他跟骆一禾都将梵高视为自己的偶像，海子称梵高为"瘦哥哥"，1984 年，他写了一首关于梵高的诗：

阿尔的太阳
——给我的瘦哥哥

"一切我所向着自然创作的，是栗子，从火中取出来的。啊，那些不信仰太阳的人是背弃了神的人。"

到南方去

到南方去

你的血液里没有情人和春天

没有月亮

面包甚至都不够

朋友更少

只有一群苦痛的孩子，吞噬一切

瘦哥哥梵高，梵高啊

从地下强劲喷出的

火山一样不计后果的

是丝杉和麦田

还有你自己

喷出多余的活命的时间

其实，你的一只眼睛就可能照亮世界

但你还要使用第三只眼，阿尔的太阳

把星空烧成粗糙的河流

把土地烧得旋转

举起黄色的痉挛的手，向日葵

邀请一切火中取栗的人

不要再画基督的橄榄园

要画就画橄榄收获

画强暴的一团火

代替天上的老爷子

洗净生命
红头发的哥哥，喝完苦艾酒
你就开始点这把火吧
烧吧

中西之隔，咫尺天涯，但两个互不相干的人，却同时在作品中表达出同质的内涵，他们的命运也是如此相似。他们都竭尽力量，让生命在燃烧状态时展现辉煌与灿烂，让精神不死，让梦想永生。

「 二 」
麦地和光芒的情意

麦地，别人看见你，觉得你温暖，美丽，我则站在你
痛苦质问的中心，被你灼伤，我站在太阳，痛苦的芒上。

——海子《答复》

如果说乡村是诗人的土壤，麦地则是诗人的乳汁。其实，在查
家湾这片南方村庄的土地上，并不盛产麦田。它是北方土地的产物，
但是作为精神食粮的寄托，作为心灵的依靠，频繁出现在诗人海子
的梦中和笔下。

海子和骆一禾同时被燎原称为"麦地之子"，他们离不开麦地，
更离不开那份金黄色的情结，麦子的颜色就是生命燃烧的颜色，成
为他们行走的力量，成为他们永恒的灵感源泉。

同样热爱麦田的，还有梵高。他反反复复将它挥洒在画布上，
从《麦田》，到《夏天：阿尔的麦田》，到《麦田上的乌鸦》，无一

不充斥着绚丽的色彩和绝望的气息。麦田，成为他至高无上的精神圣地。

有一个崇拜的人，并且有人和自己一起崇拜他，这该是一件多么幸福的事。骆一禾对梵高的喜爱让海子拥有非常坚决的被认同感，他喜欢面对着梵高的自画像，面对梵高深邃有力的眼睛，心中燃烧起汹涌的诗情。梵高的向日葵，对海子来说就是图画上的太阳，是诗化了的太阳。

海子从此爱上了向日葵，并把它写在诗里：

雨后的葵花，静观的
葵花。喷薄的花瓣在雨里
一寸心口藏在四滴水下
静观的葵花看梵高死去
葵花，本是他遗失的耳朵
他的头堵在葵花花园，在太阳正中
在光线垂直的土上，梵高
你也是一片葵花

葵花，新雨如初。梵高
流着他金黄的火苗
金黄的血，也是梵高的血
两手插入葵花的田野
梵高在地上流血

就像烈日在天上白白地燃烧

雨在水面上燃烧

梵高葬入地下，我在地上

感到梵高：水洼子已经干涸

葵花朵朵

心神的怒放，如燃烧的蝴蝶

开放在钴蓝色的瓦盆上

向日葵：语言的复出是为祈祷

向日葵，平民的花朵

覆盖着我的眼帘四闭

如四扇关上的木门

在内燃烧。未开的葵花

你又如何？

葵花，你使我的大地如此不安

像神秘的星辰战乱

上有鲜黄的火球笼盖

丝柏倾斜着，在大地的

乳汁里

默默无闻，烧到了向日葵

诗人和画家存在着某种共通性，他们流淌着艺术家的血脉，可以为了画画和诗歌而生。诗人没有了诗，画家没有了画，就像是被剥夺了武器的士兵，必然是最悲哀的生存。至于世俗的幸福，现实的规则，在他们的生命里，只能后退为人生的底纹。

有人评价梵高："他用全部精力追求了一个世界上最简单、最普遍的东西，这就是太阳。"这个评价放到海子身上，也同样精准而确切。

让海子感到幸福的是，法大的很多爱好诗歌的学生开始围绕在他的周围，这些学生多么像当年的自己！他们拥有无限的热情，对文学的执着的爱，他们就像是一朵朵饱满的花，需要诗情来灌溉生长。海子又一次幸福地眩晕了，经过一系列的努力，海子和自己的学生成功创办了《星尘》诗刊，《星尘》诗刊诞生时，中国政法大学法律系团委宣传部部长李青松是发起者。当时，《诗刊》杂志主编邹荻帆、诗人刘湛秋、作家高潮等都送上了贺词。海子则巧妙地运用了一些诗人的句子，串联成发刊词，"你们自信而默默地燃烧，用你们纯净的灵魂。你们对着阳光大声宣告：我是春的生命。你们是河岸上一股新鲜的气流，逼近了。"

星辰诗社并不是发烧友们一时兴起的产物，在成长的过程中，它在诗歌界的影响是十分深远的。不只来过顾城、北岛这样的知名诗人做讲座，更提拔了一大批诗坛上的新人，共同缔造诗歌历史上的繁华。

也正是在这里，海子有幸接触到了顾城。这位同样具有偏执情结和赤子之心的诗人，让海子对诗歌的认识更加深刻了。后来，他们都成了悲剧性的诗人，一手导演了自己的死亡。

两个人有着不同的生活轨迹，生活的交集也不值得一提。但是都虔诚地在诗歌的世界里斧凿刀劈，发出过孤独而有力的声音。他们在最美的年华里，把自己的生命斩断，毫不留恋地离开，不愿与这个世界进行最后的牵扯。画下一个句号，但也同时踏上另一个世界的土壤去寻觅。死亡是他留给这世界的最后一首诗。

海子创作过一首诗，名为《女孩子》：

她走来

断断续续走来

洁净的脚

沾满清凉的露水

她有些忧郁

望望用泥草筑起的房屋

望望父亲

她用双手分开黑发

一支野桃花斜插着默默无语

另一枝送给了谁

却从来没人问起

春天是风

秋天是月亮

在我感觉到时

她已去了另一个地方

那里雨后的篱笆像一条蓝色的

小溪

　　许多人认为，这首诗很接近顾城的风格，尤其是其中的"蓝色"情结，更是顾城经常使用的词语。当然，这并不能严密地说明些什么，只能以某种巧合解释给人们，他们的灵魂有着类似的底色。

　　刚刚步入工作岗位，海子并未将全部心血投入在诗歌里，他明白现实的压力，想要通过更多的努力，为家人带来更多幸福。除了写诗，海子也写一些社会学类的论文，1984 年，他曾参与组织了中国政法大学法制系统科学研究会，还以副秘书长的身份发表了一篇通讯。他还曾经撰写了《从突变理论看国家产生形式和法的作用》，在中国政法大学第一届法制系统工程学术研讨会上做了交流。

　　可以看出，从村庄里走出来的海子，此时仍是踌躇满志的。他做了诸多努力，一定是想在事业上到达一个高峰，希望不被其他的同学落下。

　　此时的海子将诗歌作为一种追寻，将事业作为一种寄托。如果问，与灵魂最接近的方式是什么，他会毫不犹豫地拿起笔。用温暖的笔尖，写出世间真情流转，用锋利的笔刃，划破现实世界的丑陋。

「 三 」
幸福说："瞧，这个诗人"

冬天的人，像神祇一样走来，因为我在冬天爱上了你。

——海子《给你》

时光倒退，抚摸埃及泥板上斑驳的象形文字，轻轻吟出的是情歌。正如中华土地上蓬勃生长的《诗经》，在原始的文学草原里，就在大声歌唱爱情。

诗人的爱情是纯白而干净的，似乎是超出另一个世界而存在的，可以建构了一个虚无却又真实的世界。如果故乡是诗人的土壤，那么爱情一定是诗人的养料。他们可以用丰沛的笔，写出等待，写出信仰，写出诺言，写出遗憾。

世上没有比爱更好的东西了。即使有时它上演无聊的风花雪月、山盟海誓、虚情假意、心口不一，却以为那是浪漫。真正的浪漫是出于一颗赤子之心的纯洁和率真，正如这位诗人的爱情，它没有任何花哨的点缀，却像是海浪，将两人的人生、信仰、文学推向更高的地方。

那时的城市还没有今日这样熙攘，但敏感的诗人已开始渴望安宁。如果能够筑一座城，邂逅一位精灵般的姑娘，千年的修为又算得了什么。

每个男人梦里都有一个女神，诗人海子的梦里，住着一位遥不可及的女神，她有坚毅的嘴唇和高傲的颧骨，面孔如同希腊神话中的古典神女般精致，双眸像是浪漫的蓝色海洋，诉说着美丽的情话。她是嘉宝，一位具有诗人气质的经典明星。

她是忧郁的，有时眼神茫然，却又仿佛蕴含着巨大的能量，这符合了诗人的所爱，他想找到像嘉宝一样完美无缺的女人。有人评价她说："她是美的抽象，是诗人们梦幻中的美，她就像一座冰山，却蕴藏着岩浆一样火热的情感。"如此看来，倒确有几分道理。

当然，女星嘉宝的惊艳传奇和诗人海子的激荡一生并没有一丝关联。与大多数男人一样，梦境归于梦境，他们最终爱上的当然是触手可及的女人。

如果将人生看作一场跳格子游戏，现在的海子刚刚跳入一个新的阶段，成为一名大学教师，确切地说，是政治系助教，每三年为一个聘期。

海子从未接受过专业的教法训练，只有十分短暂的岗前培训，这让他有些恐惧那个讲台。睡梦中，他一度回到了小时候，站在那个空荡荡的台子上背诵《毛主席语录》，可竟然汗如雨下，头脑空空。惊醒之后，他知道这是自信心不足的征兆，所以便干脆点起灯，再多做一些功课。

海子负责教授哲学，这门课程主要围绕马克思主义哲学展开。这门课程对他最大的挑战，就是生涩枯燥。他给学生上的第一节课是《马克思主义哲学》，虽然做了认真准备，但效果并不理想。少数人在听他讲话，大多数人在放空。

除了经验不足之外，这门学科本就抽象枯燥，经验丰富的老教师也未必可以讲得生动。学生们游离在教学之外，细细打量这位与自己年龄相仿的新老师，其中不乏许多人读过海子的诗歌，他们对这位诗人充满了好奇。

诗人还不习惯被众人的目光包围，他羞涩地回应了学生们的要求，做了简单的自我介绍。学生们又起哄着让海子朗诵自己创作的诗歌，下课铃声却在这时响起了。

在这之后，老师海子渐渐受到了学生们的欢迎。不，确切地说，应该是诗人海子和朋友海子。因为这个年轻瘦小的诗人，从未摆出一丝教授的姿态来，而是与学生们打成一片，并且在每一节哲学课中，留出几分钟时间朗诵自己的诗歌，在一口安庆方言的普通话里，美与力量双箭齐发，赢得了学生们崇拜的目光。

海子经常与学生们一起出去郊游，最常"出没"的地方是门头沟，他总是抢着为学生们买票、买面包、买汽水，忙碌过后与学生们围坐在一起，谈天说地，分享食物。

海子是学校里星尘诗社的顾问，在每一次诗社的活动中，他都会静静来参加。虽然不言不语，默默坐在一旁，但这位有着忧郁诗人气质的瘦小男人，还是引得了一些女学生的关注，其中包括姑娘B。

一次诗歌朗诵会上，他朗诵了自己的诗歌《历史》，"我们的嘴唇第一次拥有，蓝色的水，盛满陶罐，还有十几只南方的星辰，火种，最初由上的别离……"清亮的眼睛，坚定的语调，投掷到了姑娘的心里。回到座位上之后，这位叫作 B 的姑娘开始与海子交谈起来。

内蒙古姑娘 B 是八三级的学生，出身高级知识分子家庭，家庭氛围让她具备颇高的文学修养，尤其对诗歌有浓厚的兴趣。经过交谈海子了解到，《草原》杂志的编辑雁北（薛景泽）是她的表兄，而雁北同样是一位优秀的诗人。

海子不善于与女孩交流，但以诗歌作为话题，海子是滔滔不绝的。起初，他只把 B 当作了众多学生中的一位，两人谈论诗歌，谈论村庄与大草原。渐渐地，爱情，悄无声息地降临了。

爱情或许不是诗人的归宿，但总是诗人心中永恒的向往。在最年轻的时光里，伴随着荷尔蒙的滋长，毫无防备的海子被爱情一击而中。B 常常去找海子，两人聊天，再顺便为海子打扫房间，甚至洗衣服。这个爽朗大方的女孩，不遮掩自己的情感，她与同学坦言，海子是她心中理想的男人。

海子的心，接收到来自爱情的第一丝曙光，开始变得慌乱而紧张。如果 B 坐在课堂里，他会显得格外拘束，无意间四目相对，他竟会一时思维空白。目光敏锐的学生们率先接收到了这种信号，不久，两人的相恋便成了公开的秘密。

没有期待的日子多么可怕，就像是一部无声的绞肉机，将岁月变成一团没有架构的混沌。诗人不能没有故乡，诗人不能没有太阳，诗人更不能没有爱情。诗人要用诗歌记录爱情，在海子的诗歌里，B

的身影开始无处不在。

1984 年开始，海子的诗歌里开始出现新的词汇，比如妻子、新娘、王后。B 的出现，给海子的诗歌注入了新的血肉。爱能够造就诗人，其实爱着的人本身就是诗人。他忘记了嘉宝，迎来了真正的爱情。

当蝴蝶听见花开的声音，地球依然黑白交替，但世界却有了不一样的面貌。生活在继续，海子每日从昌平坐班车来到老校区上课。校园里相见，两人点头而过。但人的性灵来自心胸，心不安宁，牢不可破的牢笼也形同虚设。

周末是两人最期待的美好时光。平日独自待在房间里，只能与自己对谈，所以海子格外渴望 B 的到来，两人不论说些什么，都是好的。所有温暖的对谈和相互依偎，撑起了豆蔻年华里所有的晴空。

世俗的风，会吹断梦想的风筝。爱情可以成就诗人，但爱情也常常毁灭诗人。但爱情的伤，依旧掩盖不住它的美。贫穷的诗人一无所有，除了理想、红心，和一叠叠落满灰尘的诗稿。如果在生命中的某段时光，再能有一双含情的眼睛望向自己，命运的冰霜可以瞬间消融，苦难和困顿，可以燃烧成一堆灰烬随风飘去。

「 四 」
我们是装满热气的两只小瓶

我爬上岸，黑压压鸟群惊起，无处藏身。

——海子《圣地》

假如生活是一首长诗，那么自第一声啼哭开始，上帝的笔尖就在酝酿着一生的记忆。一个起调，落地成音，带领着跌宕起伏的韵律，牵动着人生五味。

中国自古就是一个诗歌的国度，在几千年的文化隧道中，诗人的身影无处不在。但与西方相比，我们似乎更关注短诗，为海子赢得巨大声誉的，同样是他的抒情短诗。

这个时代早已不是诗歌的时代，何况是长诗。尽管长诗可以更加照耀一个诗人的内在能量，但它还是被抛弃到了灰尘里，无人搭理。可如果说铸就短诗的是生命迸发的激情与灵感，长诗却是诗人用热血和生命本身写就的。

或许是受到《神曲》《浮士德》《罗摩衍那》等西方著作的影响，海子对长诗的热爱越来越浓。他曾经说过："我写长诗总是迫不得已。出于某种巨大的元素对我的召唤，也是因为我有太多的话要说，这些元素和伟大的材料的东西总会涨破我的诗歌外壳。"

短诗所记录的，是瞬间的情绪。只有长诗，才能记录生命的流淌。在这种观念之下，海子的第一首长诗《河流》横空出世，虽然略显稚嫩，并带有模仿前人的痕迹，但已然有了完整的框架，并刻上了命运的印痕。

虽然只获得了几位朋友的认可，但海子对长诗的创作兴趣却如火焰般，已经熊熊燃起来了。1984 年年底，长诗《传说》诞生，相比第一部长诗，它已经显得成熟大气。捧读下来，足以令人灵魂震颤，血液翻滚。

诗人眼底燃烧的火焰，狂乱而迷人。在两首长诗的创作历程中，B 一直陪伴在他的身边，成为两部作品的见证者。创作的时候，海子时而激动，时而平和，B 觉得，这个男人的心灵如同孩子，像缎子一样柔软。

周末时光里，他们相约来到北戴河，B 的娃娃一样的面孔，微笑的嘴角书写出最美妙的曲调，还有那随风扬起的裙摆，成为海子青春记忆里的最美画面。在长诗《传说》中，海子这样写道，"第六天是爱情之日"。可见，他是怀揣着多么期盼的情绪，来等待每一个星期六的到来。

陶醉在爱河里的海子，同时迷恋上了另一样事物——气功。

开始只是好奇，1985 年，北京兴起"气功热"，一位叫作王青松的北大毕业生开始传授气功，成了北大气功协会的会员。在一次去中国政法大学表演的过程中，海子被他的当众表演所吸引，每一幕都亲眼所见，彻底领略了中国传统气功的博大精深。

王青松从小练功，对气功养生、中医理论研究颇深，没考入北大之前曾经是河南信阳县委办公室的一名机要秘书。在北大读书期间，这位"大师"没什么名气，也没在公众场合展示过自己的绝招。在法大的偶然一次表演，却让校友海子心中一惊。

通过了解，海子知道原来练气功不只是强身健体的手段，还能在写作思维和想象力的延展上帮助自己，不由得产生了巨大的兴趣。但正在他想要详细讨教的时候，校友王青松已被热情的学生们围作一团。后来，海子曾经打探过王青松的消息，但终究没有音讯。巨大的兴趣推动了他，于是他开始寻找其他的同道之人。

在一次全国法治系统工程学术讨论会上，海子见到了常先生，两人曾经有过一些书信往来，但见面是第一次。两人相识始于1984年，任《探讨》杂志社编辑的常先生对一篇署名"查海子"的论文印象十分深刻。此后，他给海子寄过几本系统科学方面的文献索引资料。

常先生换了工作之后，恰好与海子住在同一单元，于是慢慢熟络起来。经过几次交流，海子发现常先生练习气功已有多年，搁置已久的期待再次复燃，于是向常先生提出了收他为徒的要求。

海子是个踏实认真的学徒，能吃苦，懂坚持。不久后，他就学会了气功最基本的所有练习方法。海子的认真出乎常先生的意料，原本以为只是随口说说，却见海子如此苦练，于是也收起戏谑，按部就班地为海子讲解。

海子天资过人，学习任何东西都要比常人快速许多。通过一段时间的练习，他觉得身体健壮了许多，写作时头昏脑涨的状态逐渐消失。他发自内心地感激常先生，想要付给对方报酬，但是常先生始终不肯接受。他已将这位单纯的诗人看作了朋友，不只不收分文，还介绍更多的高人给他认识。

1985 年春节，回家过年的海子遭遇了不一样的心境。不曾有过爱恋的那些年，他还不懂得思念的滋味，如今，却真真切切地品味了一回。美丽的黑发，温柔的手，思念温暖了爱人的心灵，也冰冷了孤独的黑夜。只得日夜期盼着，承载着深情的信笺，几日才能飞回。

没有她的时候，世界变得空荡荡，空得让人怀疑，当岁月老去，她是否依然会停在自己的生命里，温柔如往昔。节日的烟火灿烂，海子对 B 的思念也飙升到了抛物线的顶点。他想听见她的声音，想握住她的体温。奔波了整个镇子，海子也没有找到几部电话，打听之后，费用的昂贵让这份思念更加磨人。

小小的信笺，承载了太多浓情蜜意。此刻海子明白，即使是诗人的手写出的诗句，也比不上爱人的一个拥抱。他开始用毛笔写信，疯狂起来时，一封信竟然能够写上两万字。B 收到信后会在第一时间回复。两人不断告诉着对方："我远方的爱人。你可知道，我在无边无际地，想你。"

除夕夜里零点，两人在同一片月光下许愿，愿意一生相守，直到白头。那一整个假期，他们明白了彼此的重要。每日害怕又盼望的是黑夜，怕的是黑夜里寂静的孤独，盼的是垂下眼帘的瞬间，你又来到我的世界。

　　由于频繁的信件往来，海子的家里成了邮递员经常光顾的地方。这种情况不得不引起了家人的注意。最先觉察到情况的是大弟弟，追问之下，海子如实相告，但也嘱咐弟弟不要告诉父母。

　　在查家湾，婚恋是一件慎重而刻板的事情，除非确认要步入婚姻的殿堂，否则不能随便表达。在此时，海子也认为那是他心里的一处秘密花园，不被打扰是最好。

　　这期间，海子仍然坚持练习气功，曾经多次尝试过在弟弟的面前演示，但是以失败告终。但倔强的海子始终没有放弃，他将这一切归咎于自己的练习时间，决定更加勤奋地去练习。

　　回到学校，海子迫不及待地与 B 相见，他们的情感更加深厚了。4 月，海子创作了《写给脖子上的菩萨》一诗，字字句句充溢着对 B 的爱意。

　　呼吸，呼吸
　　我们是装满热气的
　　两只小瓶
　　被菩萨放在一起

　　菩萨是一位很愿意
　　帮忙的
　　东方女人
　　一生只帮你一次

这也足够了
通过她
也通过我自己
双手碰到了你，你的

呼吸

两片抖动的小红帆
含在我的唇间
菩萨知道
菩萨住在竹林里
她什么都知道
知道今晚
知道一切恩情
知道海水是我
洗着你的眉
知道你就在我身上
呼吸
呼吸

菩萨愿意
菩萨心里非常愿意

就让我出生

让我长成的身体上

挂着潮湿的你

    因为在内蒙古地区的家庭影响力，B 开始帮助海子将一些短诗发给当地的报刊。1986 年，《哑脊背》发表在第十期的《草原》杂志上，获得了内蒙古读者的赞赏与认可。

    在女人的眼睛里，诗人是值得怜爱的，现实的风浪太大，她愿意张开翅膀为他遮挡水雾重重，只求他能用黑色的眼睛一直看着自己。在声色犬马的隐讳世界里，只愿为他，为他，守护心涯深处的纯真。

    B 不是寻常的庸脂俗粉，她可以给予海子的，不只有温暖的少女情怀，还有更多思想的碰撞火花。他们可以谈论大海与晚餐，同样也可以分享尼采与黑格尔，深厚的修养使得二人没有灵魂沟通的障碍。得到如此女子，海子备感珍惜。

    他们旁若无人地相爱着，那情感水晶般晶莹，如海的深邃，天赐般美好。互望彼此的眼底，一如初生时的澄澈，若看见一丝痛楚，便会猛然一揪，舍不得对方任何的忧伤。

    在阳光下翻滚的尘埃里，爱情之花肆意开放。

| 第六章 |

太阳·流浪·忧伤

「 一 」
站到太阳下看太阳

没有声音的痛苦都是一样的，就像八月只有一种清风，痛苦流向四面八方。

——海子《但是水，水》

世上最难的不是坚持，而是孤独的坚持。如果热血奔流的方向，是冷漠和平淡，还能丝毫不磨灭追梦者的甘之如饴，是为长跑路上的真英雄，值得仰望。

在海子的长诗之路上，前两部并未带来期待中的反响，但海子从未想过放弃，他明白自己可以在诗艺上继续成长。酝酿了几个月，他在 1985 年再次推出《但是水，水》。

有些坚持是为了喊出空洞的口号，有些坚持是为了摘得黄金果，但海子的选择不一样，他在听从内心的召唤，做自己最渴望的事情。在记忆被黑暗埋葬之前，将自己埋在句子里，他的全身都浸满诗意。

他以生命为线，编织着诗歌的长锦，不为浮华名利，只愿虔诚供奉起血液的温度。世俗的天空下，精明的眼睛们在审视这场貌似徒劳的挥汗如雨，只有诗人自己懂得，长诗并非无用，至少可以用它喂饱自己的思想，祭奠今晚的月亮。

《但是水，水》的实验性很强，从标题就摆明了刻意设计的意图。第一篇《遗址（三幕诗剧）》、第二篇《鱼生人》、第三篇《旧河道》、第四篇《三生万物》，四篇诗歌分别拥有不同的风格文体，这是海子对自己的无限探索。

这篇长诗颠覆了惯有的中国式写作模式，从西方诗剧，到两栏对照，到长篇抒情诗，到旧诗改写，至少在当时的乡土文化中，海子的尝试是开天辟地的。经过时间的冲刷沉淀，《但是水，水》的文学价值不容忽视。它是诗人个体创作的里程碑，也是同时代诗歌体系里不容忽视的一次文字绽放。

写作者是孤独的，诗歌写作者更是孤独的。单纯如海子，除了将自己脉搏跳动的频率化为诗句，他还不懂得经营油滑的人情世故。此时的中国诗坛，先锋诗歌还处于最蓬勃的状态，这本是诗人最好的年华。但瘦小的海子却依然在城堡之外徘徊，不得进入的要领。

他时常光顾打印社，从中捧出热气腾腾的诗句，投寄给诗人、评论家、诗歌爱好者们。可人们除了关心成名诗人与自己的口袋，没人回馈更多的一份热情。

渐渐地，海子也意识到了自己面临的问题。作品是一把好剑，可是仍然需要一些助推力，让诗歌江湖知道自己的名字，得到该有的诗歌地位。但是这样的领悟，也只能让他陷入更深的苦恼，因为他的心，只懂得诗歌，却不懂得如何与诗歌编辑们拉好关系。用多余的思绪去打扰平静的月光，这是诗人最不愿面对的。

除此之外，每个行业里都有些自以为是的"聪明人"，他们靠着一张嘴和一根歪脑筋行走江湖，口袋里掏不出什么真本领，但是深谙排挤打压之道。仿佛他人的痛苦，就一定能换来自己的鹊起。

面对镜子，海子觉得自己的头发是愤怒的姿态，眼睛里闪烁的却是灼热的金黄。他忽然想起了梵高，这个与自己隔空共鸣的大胡子画家。他在理想与现实的沟壑之间凝固了忧郁，保存了灵魂的完整，换来了人间的一声叹息。

世界的喧嚣容不得理想主义者的纯粹，要么将自己的剪影，抛入繁乱的浮世绘，要么懂得退至一方净土，抚慰自己的灵魂。诗人海子毫不犹豫地选择了后者，他埋着头，搬起一砖一瓦，建造着自己的精神世界，在诗歌的后花园里种植希望的向日葵。而将一个乱哄哄的江湖，坚毅地拒绝在外。

压力和阻力也催发伟大的作品诞生，海子将对外在世界的失望，转化为在内在世界继续探索的动力。在西方长诗情结的推动下，海子再次萌发了创作一部诗剧的冲动，于是他开始踏上了《太阳·诗剧》的创作历程。

史诗式微，但海子乐于重建圣殿。细品海子的诗歌，本就拥有阳光般的质地，满怀着对大地的热爱，对青春激情的燃烧。在查家湾，太阳就是最伟大的象征，它在世世代代村民们的心里，是光明，是希望，是生活的璀璨。作为最重要的载体，他用诗歌承载起这种梦想。

可是他不知道的是，尼采和梵高都在这条逐日的道路上疯狂了，他凝结心血将要铸就的"太阳"，同样可以将他推向死亡。

此时的海子摩拳擦掌，他相信自己能够将这一伟大诗作进行下去。在他的头脑中，太阳是一个核心的意象，派生着"火""光明"与"血"，它是海子疯狂气质的一种承载，是他最有动力进行的挑战。

史诗性作品的创作并不只需要脑力，长久的煎熬与浇筑更需要强大的体力支撑，时间、精力、能力、财力，哪一样都不可缺少。一部《神曲》，但丁用尽了十四年；一部《浮士德》，歌德用尽了六十年；一部《荷马史诗》，欧洲大地誊写传唱了几个世纪。世界展示给人们五彩斑斓的各式选择，将生命的鲜血洒在长诗这片土壤上，需要非凡的勇气。

尽管海子的才华已经超出常人之上，但一部太阳般的世纪长诗，需要消耗更多诗人体内源源不断的灵感和内存。他开始大量阅读各类书籍，用求知的眼睛，探求更多的世界奥秘。在昌平的住处，海子没有什么像样的家具，但是各式各样的书籍却堆满了地上、床上、桌上、椅子上。

这个生活俭朴的青年，从不吝啬在书本上花钱，因为书中有他渴求的生命原动力。就算要从口粮中省，他宁愿吃了上顿没有下顿。为了买到一本好书，他也时常向别人借钱，发了工资立刻还上，人人都知道海子是个讲信用的人，但也知道他的生活过得一团糟。

看着这样的海子，骆一禾内心焦急，他常常担心这个"傻弟弟"的营养能否跟得上，也唯恐好朋友遇到窘境不愿开口。海子的性子执拗，不会接受他人的施舍和怜悯，所以这给骆一禾很大的挑战。既要顾及到一个诗人敏感的自尊，还要及时雨一般帮助朋友摆脱困境。

海子经常光顾一家小饭馆，与人畅谈理想，老板渐渐认识了这位身材瘦小，但是蕴含强大力量的小伙子。经济拮据时，老板会允许他赊账。

海子性格温顺，很少与人发生冲突，但有一次却不知为何，与几位小青年厮打起来，海子自然不是人家的对手。关键时刻，饭馆老板义无反顾地帮助了这位常客，本想报案给他们一些教训，但被酒醒的海子阻拦了，他并不是个不依不饶的人。

生活的考验无处不在，此时，海子与 B 遇到了前所未有的危机。世间有情人少有人能随心而安，爱情本是你侬我侬的相互吸引，但是周遭的影响、撩拨却总是难以预测，难以摆脱。

诗人雁北将表妹与海子的关系告诉了家人，一石激起千层浪。这时候，门第的观念仍然没有完全消除，B 的父母亲都是高级知识分子，虽没想过让掌上明珠嫁入豪门，但是一想到海子出生于大山深处，有着一大家子的负担，现在又沉溺于换不来粮食的诗歌，就断然决定阻挠这段感情。

诗人以现实为土壤，却将自己置身于理想主义的世界里，所以他们永远看不透红尘中的一些世俗冷暖。他们一厢情愿地相信爱情与理想，直到被这个世界伤透了心。他坚持认为诗歌才是自己的红舞鞋，他可以凭借这双舞鞋在世界舞台上疯狂旋转。只是抬起眼帘时，却已遗失了那位最在乎的观众。

B 的父母反复警告女儿，不要与这位没有前途的穷诗人谈恋爱，并坚定地表达了立场，作为 B 在世界上最在乎的双亲，他们绝不会同意和妥协。在爱情的考卷上，不是每个人都能攻克这道难题，一直是乖乖女的 B 开始害怕与退缩。

B 发现父母的来信越来越频繁了。她的内心在经历巨大的拉锯战，父母一向思想开明，为何一定拆散一段纯真的情感？平心而论，如果没有父母的祝福，自己能否有勇气与诗人海子坚定不移地走下去。

朋友们都发现，B 脸上的笑容越来越少，时常恍惚失神。在痛苦之中，B 意识到不该纠结下去，她必须要做出选择，并勇敢坚持下去。只是下定一个决心，需要多种考虑。

她将父母的意见透露给了海子，残酷的消息让这个单纯的诗人觉得天崩地裂。在此之前，他只品尝了爱情的美，还未见识过爱情的刺。他的心是敏感的，很多情绪喷涌出来，让他变得烦躁，但他也明白，B 的心里更加不好受。

世界上最远的距离是，有时两人明明坐在一起，却彼此不言不语，各想各的心事。寂静中，海子会忽然问："我们该怎么办"，或是"你的想法是什么"。他留恋这段感情，深深知道女友正在痛苦纠结，虽然不想为难她，不想苦苦纠缠，但是却控制不住自己，想问到一个答案。

女孩难以给出答案，常常用泪水回答他。他在那泪水里看到爱恋，看到两难，也看到不确定。每当这时，他会收起情绪，默默转回头。夜幕降临，他没有如往常一样留女友吃饭，而是牵着她的手，坐上公车送回学校宿舍，再默然转身，留下一个惆怅的背影。

月光如水，内心更凉。海子独自回到昌平，脚步被拖得千斤重。他不愿回到那个有她气味的屋子，怕勾起某些回忆和情愫，于是来来回回在街上行走，走得脚底生疼，心也生疼。

痛苦是难以回避的，越想挣脱，越感到窒息。他忽然明白，原来爱情是最好的催老剂，时间越来越缓慢，一点一滴凌迟他的心，有时候，他觉得自己的叹息声，覆盖了世界的全部颜色。

非常时期，他更加迷恋气功，希望可以借此消解忧愁。但任何解药都是海市蜃楼，或许可以超脱片刻，却无法真正解决心结。宿舍里满墙的照片不断提醒着他，他美丽的爱情此时正在受伤。回忆的碎片成为每个夜晚最残酷的折磨，他反反复复在床上翻滚，过去的甜蜜温馨不断在他脑中浮现，他不想面对那个词语——失去。

几天后，颓废的海子等到了 B 的回音。他望着她的嘴唇，既期待又害怕。在诗人落魄的双眸里，B 也读到了他的深情，只是颜色暗淡。她的双唇开启，告诉眼前这个瘦瘦的男人，她愿意冲破阻碍，永远和他在一起。

几秒钟的沉默，诗人的眼里流转着微微的愕然与木讷，接着是一簇瞬间点起的火焰，再接着，是喷涌而出的泪水。彼此爱着的人们深深相拥，仿佛要将对方的躯体，揉进自己的胸膛。

两人已经走过了一程山水，尽管有过短暂的迷失，但是双方积攒的旧情，犹如压抑暗暗的火苗，在通过时间的考验后，复燃成爱的火海。

走过爱情的冬季，海子重拾心情，进入《太阳》长诗的世界。

在精神的旷野里，他离不开文字的芳香。幻想世界里，他坐在诗歌的甲板上，影子朝着金色阳光的方向舞蹈着，生命之船向着太阳的方向，驶向自由的国度。

「 二 」

她已受伤，她仍在飞行

> 单翅鸟为什么要飞呢，我为什么，喝下自己的影子，
> 揪着头发作为翅膀，离开。
>
> ——海子《单翅鸟》

光阴冉冉，时光飞逝，转眼又是一年。外面的世界日新月异，而查家湾的曲调反反复复地重唱，唱着旧日的时光，唱着人间情感的真挚，唱着将来岁月的依依。

这年春节，回到查家湾的海子送给弟弟一件贵重的礼物。他知道再过半年，弟弟也要迈过高考的门槛，从那种历程中走过来，他深知此时弟弟正在经历什么样的压力，心里满是心疼。

查曙明感激地穿上了哥哥从北京带回来的皮夹克，对于生活拮据的海子来说，这是从伙食费里一点一滴省出来的。他希望弟弟也能走出大山，与他一起成为父母亲的骄傲。

·在文理的分界线上，弟弟选择了理科。尽管海子是个文科生，但是弟弟请教的数学题，他依然能够迎刃而解。远离数字已经多年，但海子的智商极高，北大高才生的身份不是白白得来的。

有时，在辅导弟弟功课时，他也会无意中流露出诗人的独特味道。比如在作文的辅导上，他教给弟弟一个独特的概念，即数学知识中的"无穷大"符号。他让弟弟牢记，作文的根本在于想象力，它会带给人们另外一个世界。如果内心有"无穷大"的力量，写出来的作文自然有深度、有美感。

查曙明似懂非懂地听着这番话，高中里的老师是说不出这样的见解的。他对哥哥十分崇拜，如果能够在高考中运用进去，一定会打一场漂亮仗。

每晚睡觉前，海子总是给弟弟们演上一出戏剧，先给自己设定几个角色，然后利用被单、衣服等道具做出几种造型，讲着完全不同的台词，在地上来回踱步，念念有词。

弟弟们并不能完全看懂哥哥的戏码，但是他们仍然会被他滑稽搞笑的样子逗乐。有时候，他们也嚷着让哥哥给自己分配一个小角色，于是几兄弟在家里闹成一团。海子也过足了"导演"瘾。不止是导演，连编剧、舞美、道具、化妆等角色他都一个人包揽了。临时创作时，自己会先试演，然后叫弟弟们跟着自己学，轮换角色。

闹得精疲力竭了，海子会催促弟弟们上床睡觉，他一个人伴着煤油灯写诗。踏着故乡的土地，呼吸着查家湾的空气，他的笔尖更加有力。弟弟们酣睡之后，他将自己思想的闸门打开，各式各样的诗歌意象喷涌出来，落在笔下。

诗人是黑夜的儿子，他在世界熟睡的时候创作，直到太阳微亮才爬上床，一觉睡到中午。在父母的催促声中，他时而蒙上头继续睡，时而不耐烦地应和几声，直到再不起床就没有午餐了，才会慵懒地爬起来，第一件事是抓起诗稿看一遍，拿起笔来勾画几下，随后才是洗漱吃饭。

两个月来，弟弟们发现，这次春节海子与女友之间的通信明显减少。有时在话题中提起 B，海子也显得兴致不高，多了些许惆怅。通信次数的减少，一方面是迫于 B 的父母的压力，另一方面，两人之间的情感裂痕横亘在那里，难以修复得完整如初。

这样的状态一直延续到回校后，两人之间吵架的次数增多了。他们从不大声喊叫，而是静悄悄地不讲话，像是两具雕塑，脸上没有表情，整个房间里只听得到钟表走动的声响。

吵架之余，两人还是互相关心。到了饿肚子的时候，海子总是先妥协，拉着 B 的手去饭馆吃饭。这种生活上的照料和让步，从前都是 B 在做，不知不觉中，陷入爱河的男人已经转换了角色，成为默默付出的那一方。

B 知道海子的口袋并不宽裕，他将大多数积蓄换成了书本，所以也舍不得让海子花钱。每次吃饭都故意点些便宜的，或者推说自己并不饿。就这样，爱着的两个人时而相互伤害，时而相互关心。

爱情用变幻的旋律划过心脏，仍是寻觅幸福的曲调，只是常常让抛出去的音符感受到空气的阻力。如果能够为爱谱写一段永远的篇章，他们都愿意如此痛并快乐下去。

小的摩擦与不愉快时常发生，诗人海子有了情感上的危机感。

朋友们劝说，爱情的历程中必然要经过这一过程，但他仍然隐隐觉得，有一天会失去这一切。而自己已不知何时将爱全部付出，难以收回。

这一期间，海子创作了《天鹅》，可以从中瞥见一些情绪的波动。

夜里，我听见远处天鹅飞越桥梁的声音
我身体里的河水
呼应着她们

当她们飞越生日的泥土、黄昏的泥土
有一只天鹅受伤
其实只有美丽吹动的风才知道
她已受伤。她仍在飞行

而我身体里的河水却很沉重
就像房屋上挂着的门扇一样沉重
当她们飞过一座远方的桥梁
我不能用优美的飞行来呼应她们

当她们像大雪飞过墓地
大雪中却没有路通向我的房门
——身体没有门——只有手指
竖在墓地，如同十根冻伤的蜡烛

在我的泥土上
在生日的泥土上
有一只天鹅受伤
正如民歌手所唱

两人关系的变化越来越浮出水面，渐渐地，大家已经很少能看到海子在校园直接拉着 B 散步聊天的情景了。偶尔出现在大家的视野里，却是一个在前，一个在后，没有交流与火花，就像陌生人。

爱情在停滞不前，但诗歌创作没有。在这样的心境之下，《太阳》诗篇对于海子变得格外重要，他将全部心血都投入其中，他愿意奉献全部，去用文字承载太阳的伟大与圣洁。朋友之间，只要谈论起这个话题，就足以使他癫狂，呈现出迷乱的状态。不知是怎样的力量驱动着他，喷射着灵感与力量，去完成一项重任。

「 三 」
你多像无人居住的村庄

远方就是你一无所有的地方。

——海子《龙》

海子向往太阳，在他的眼里，太阳就是一座巨大的城。他坚信在太阳的某一个角落，有属于自己的一个小空间，海子可以蜷缩在里面，头能够碰到脚，手能够触摸到身体的每个部位，没有比这更加让人有安全感的了。

而距离太阳最近的地方呢？无论是从地理上还是从心理上来说，唯一的答案必然是西藏。"我喜欢西藏，不仅仅因为像极了太阳城的布达拉宫，也不只因为蓝色透亮的天空，还有他稀薄的空气，而是因为这是西天最后的一片净土，哦，我的西天，我的信仰，让我虔诚地跪在你的面前，然后，同你一起，归附神灵的臂弯……"

"太阳在远处看着我，像是一位慈爱的母亲，也像温柔的姐姐，秃鹫和苍鹰，单调的色彩和华贵的躯体，最终带我，去云彩，去月亮，去那更加接近太阳的地方……"

　　海子带着简单的行装和郁结而又充满幻想的心坐上了去西藏的列车，车开动的一刹那，海子朝着北京做了一个挥手的姿势。说也奇怪，心中的那股抑郁好像立马离开了自己的躯体，原来它们是生活在北京的东西。海子眯起眼睛，耀眼的阳光没有让他感到丝毫的不快。列车经过四川的时候，海子又一次激动了，这就是"袍哥"们生活的地方！如果碰上他们，对酒当歌，人生几何！

　　但列车在四川的停留是短暂又急促的，海子下意识地在车站里张望了一会儿，如果哪一个角落忽然走出几位笔友，拉着手，高个子，亲切地走过来跟自己相见，并告诉自己，我们也是去西藏的！那该多好。海子为自己幼稚的想法感到好笑，他还是写了一段感想寄给了自己的一个笔友，上面写道：

　　"亲爱的，朋友，或许你不知道，我刚刚经过你的家族，没有见到遮天的小雨，酥起的小路，狂叫的狗，当然，也没有见到你。远远的山黛如墨玉，过了这边，就是我的地方。你或许在沉睡或许在饮酒，我希望是后者，这样，我们两个人之间就起码有一个是快乐的。我还要寻找我的快乐，再见，会再见。"

　　这封信的后面附上了海子到西藏的地址，海子希望笔友能给自己写信，那时候，自己已经在西藏了，他要在蓝天白云下面读这封信。

　　火车开动，不久进入甘肃，海子听座位旁边的人说起敦煌来，马上来了精神，敦煌，这可是敦煌！海子知道，这同样也是太阳赐给大地的能量产生的文明结晶！

——很久很久以前，有一个化缘的和尚经过敦煌，当时已经是下午了，他又渴又累，当他坐在地上休息的时候，忽然发现对面的崖坡上发出迷人的光晕，难道是佛祖显灵了？他半信半疑，站起来再看时，发现迷人的光晕呈现出隐隐紫色，崖顶便是光晕最为集中的地方，闪耀着太阳一样的光芒，和尚被迷住了，也被震撼了，虔诚地拜倒在地……当他起身再看，已经是暮色。一股悲壮的豪情流入了和尚的心中，他由一个普通的僧人变成了得道的高僧，然后，他用自己剩余的生命，用化缘的钱在崖壁上凿刻洞窟，他的一生很快就过去了，但这个传统却被更多的僧人继承，一代又一代，直到中国灿烂的文明被这块土地吸收饱和……

火车在敦煌停下，海子站在敦煌的壁画前面，沧桑、悲壮、无奈以及在孤单的时候对世界产生的那种连带感一同出现了，现场画工们留下的大手笔让他大为感动，而这个地方遭受过的种种不幸又让他的感动充满了悲悯。

这是对艺术的一种感动，是一种对文明的悲悯。敦煌壁画，线条如同诗歌中的语言，或是干净利索、刚劲有力，或是柔婉妩媚、企盼生姿，或是舒展有致、灵动潇洒，或是古拙宏大、金刚怒目。总之，这个地方给人以视觉上最美的享受。

他赞叹古代艺人鬼斧神工的绝笔之作！

海子感叹，这一路到底还有多少的震撼在前面等着自己。慷慨的行歌变成心底醇美的回味，海子感觉整个身体轻松下来了不少，之前的抑郁，一扫而空，这就是文明的力量吧，文明总是胜于野蛮的，海子将自己心中的情绪称为野蛮。

　　告别了壮美的敦煌，海子来到青海，他想在青海搭车进入西藏，这是几乎所有进藏旅游的游客们习惯选择的路线。进过西藏的人都知道，在捉摸不定的气候变化中，选择这条路线进藏要安全得多，果然，海子到西藏的路程出人意料地顺畅，就连最为普遍的高原反应都没有出现在海子的身上，海子从北京出发的时候心中全是心事，到达西藏的时候，已经怡然自乐了。尤其是，当他看到了自己梦寐一见的蓝天。

　　他自己坚信自己跟西藏的契约，西藏的刀耕火种，冰川牧歌、寺庙僧幡、佛教喇嘛……这难道不是原始生活状态的一种重新回味吗，人类首先应该感谢西藏，感谢这里给世界留下了如此立体的一种生活方式，这一切都仿佛发生在神话的王国中。

　　在来到西藏之前，海子曾经对西藏的文化进行梳理分析，找出那些对自己最有吸引力的，作为着重游览的地方。他发现最能吸引自己的算是西藏藏传佛教的密宗文化，为此他曾经读过这方面的研究书籍，佛法本来就很高深，有些东西他没有弄懂。但是他相信以自己的哲学底蕴，会弄懂的，需要的，仅仅是时间，以及切身的体会罢了，对密宗充满了好奇，他想探个究竟。

　　海子带着一颗赤诚的心专门找到一个有名的活佛（西藏地区称佛教修为很高的僧人为活佛）。活佛名为丹增罗布，大约三四十岁，容貌十分俊美，双目若漆，鼻梁挺拔，尽管个子不是很高，但非常结实的样子。活佛十分安详，跟显示出来的年龄不太符合。

　　一种莫名的冲动在鼓动着海子，他行礼，带着谨慎的口气问活佛密宗的关键思想是什么。丹增罗布没有过多地说话，他闭上自己的双眼，待了半晌，然后说，自己也不知道，但自己闭上眼就能看见。海子霎时间明白这不是一个简单的问题，就像自己预感到的东西一样，但这个东西跟故弄玄虚的统治策略有天壤之别，让人敬畏的东西未必让人安详。

丹增看见海子呈现思考的样子，又接着告诉他，这不是简单的问题，修炼者不但要有高超的藏语水平，而且须以超强的意志和勇气去修炼感悟。海子又猛然想起资料里的那些关于藏传佛教的经书讲解，他意识到仅经书的学习就要花费很多的心血：《量释论》《现观庄严论》《入中论》据说每本都得学习很多年，更为精深的《戒论本论》则要学习五年甚至更多的时间……显宗和密宗文化几乎涵盖了藏传佛教关于生死轮回、日月天地等的一切，具体地说，它包含了天文、地理、历史、自然等众多门类的学科。这种文化深不可测，即使在西藏，也少有人能把它说得很清楚。作为一个短暂的旅行者，要想知道其中更多的内容，是不能企及的事实……

丹增罗布笑着问海子想不想修行。海子想，佛祖你还是在我心中吧，于是摇了摇头。丹增罗布就像早就料到这个结果似的，仍旧笑了笑。毕竟自己是个俗人，海子对自己都哑然失笑了，不过这么近距离地接触到佛教，还是让海子想到了很多，也体会到了很多，他非常恭敬地告别活佛。

海子出来，面对着如画的天空，这么简单的地方却有这么复杂的学问，世界真是奇妙，无论如何，这儿的人们是简单的，起码，是好客的，在他们眼中，海子就是文化的代表，是学问的代名词，他们热情地用酥油茶和糌粑招待他。这又让海子想起了生养自己的土地，那儿的人们跟这里的人们何其相似！他们善良、大方、热情，人情味十足，农村的生活才叫生活。

西藏的第一宏伟巨著《格萨尔王传》则对海子的创作产生了直接的影响，这本书在西藏几乎家喻户晓，是一首长诗，长达 100 多万行，字数 2000 多万，全书结构宏伟，情节跌宕。其中的主人公格萨尔王是个历尽艰辛的传奇英雄，一个带有坚定信仰的英雄，而这正是海子的梦想，在读这本书的过程中，海子往往爆发出难以遏制的激情，有的时候竟然会抱着厚厚的书痛哭，他哭的不只是格萨尔王，他还在哭自己！

人的一生需要一次长途的旅行，这样才能心怀世界，人的一生要经过一次文明的洗礼，这样才有包容力，海子的西藏之游实现了这两样。在这里，海子的心灵被重新洗礼了一番。

离开的那一夜，海子做了一个梦，梦见自己来到一个没人住的地方，他坐在门槛上，百无聊赖，朝着太阳伸着懒腰，吸着烟，想着自己的故事，醒来之后，他写下了《云朵》：

西藏村庄

神秘的村庄

忧伤的村庄

你躺倒在路上

你不姓李也不姓王

你嫁给的男人

脾气怎么样

神秘的村庄

忧伤的村庄

你生了几个儿子

有哪些闺女已嫁到远方

神秘的村庄

忧伤的村庄

当经幡吹响

你多像无人居住的村庄

当经幡五颜六色如我受伤的头发迎风飘扬

你多像无人居住的村庄

当藏族老乡亲在屋顶下酣睡

你多像无人居住的村庄

像周围的土墙画满慈祥的佛像

你多像无人居住的村庄

「 四 」

雨是一生过错，雨是悲欢离合

远方只有在死亡中凝聚野花一片，明月如镜高悬草原
映照千年岁月。

——海子《九月》

总有一种文化是遥不可及的，西藏的佛教便是如此。海子只有
顶礼膜拜的分，"所以我只能是一个诗人"，海子想，而不是文学家，
不是思想家，不是科学家……

可是这样的想法持续了没半个小时，海子就纠正了自己。如果
没有挑战，那就不是自己了，如果不去贴近，去学习，怎么会体验
到其中的幸福呢。海子真有下车重新回到西藏的冲动，最后他没有
回去。但这种情绪一确定，内中不存，取之于外，海子不自觉地开
始涉猎其他的东西。

首先让他感兴趣的仍是气功。据说气功对身体有不可言说的妙

处，还可以让人体验到冥想的幸福，他一遍遍地说，盘腿打坐，照着别人的说法和自己查阅的书籍练习，久而久之，肚子中竟然真有了书上写的咕噜咕噜的"如水沸"的声响，这让海子欣喜不已。

海子迷恋气功，正好他的学生们不喜欢那些哲学课上的说教，于是他就讲给学生们听，不仅仅是气功，还有西藏的见闻，自己的心得体会。海子本来就是一个诗人，嘴上反应迅速，讲得津津有味，学生们听得也是津津有味。

一天，他讲到自己的"训练成果"时，向学生们道出了一个秘密，他练通了"小周天"。所谓的"小周天"，就是从脑顶到尾骨，再从尾骨到后脑的一个逆时针的运气周期，修炼气功的人在到了一定程度可以在这个管道里自由运气。

学生们似信非信，但后来，确实有人看见了查老师在冬天里穿着单衣散步，也不觉得冷。于是有同学认为查老师"功不可测"。

海子不知道，他天真地将自己的隐私告诉别人的时候，别人也可能对他指指点点。当时中国政法大学里关于海子的流言已经遍地都是。

B 的父母也都知道了，他们坚决不同意自己的女儿跟这样的一个"神经病"在一起。为了让 B 死心，他们还找到了校长，学校早就感受到了这件事的压力，对海子也不能刻意袒护。最后，B 的父母直接向自己"高贵"的女儿挑明了态度，要么和海子一刀两断，要么就退学。

B 的温柔可以融化海子冰冷的心，但同样能被人当成靶子来攻击，她好恨，恨自己生在这样的一个家庭，恨自己柔弱无力，像风中的一棵摇摆的柳树。海子也恨，他天真地认为水滴石穿，认为恒心可以打败一切，他错了，他看错了这个社会！

B没有海子的血性，她还是更爱自己的父母，爱自己生活惯了的地方的。海子拼命地跑出学校大门，他用头磕墙，用砖头砸树，没有用。

1986年11月18日，伤痛到极致的海子差一点结束自己的生命。他于当日写下了一生中仅存的三篇日记中的一篇：

"我一直就预感到今天是一个很大的难关。一生中最艰难、最凶险的关头。我差一点被毁了。

两年来的情感和烦闷的枷锁，在这两个星期（尤其是前一个星期）以充分显露的死神的面貌出现。我差一点自杀了……"

海子终究没有死成，或许他感受到了什么？他感受到了什么？他感觉自己需要雨，来彻彻底底地冲刷自己的灵魂，冲刷世界的灵魂。

孙理波曾经回忆，海子在那几天里，情绪极其消沉。那一天，他们共同坐在开往昌平的班车内，外面天气寒冷，车子的每一个缝隙都在透着凉气。快到目的地时，两人都已冻透了全身。当时全城恰好停电，一片冰冷的漆黑，海子嘟囔道："真像一座鬼城。"

到了宿舍之后，孙理波提议到他屋中喝酒，两人买了几瓶二锅头还有一些羊蹄，聊到半夜，那羊蹄扫了海子的兴，便郁郁而散了。后来，海子告诉孙理波，这个举动或许救了他的命，那时，真萌生过"不想活"的念头。

爱情产生的负效应始终无法完全排除，海子品味着孤独，将血

泪化为诗句。

我请求熄灭
生铁的光、爱人的光和阳光
我请求下雨
我请求
在夜里死去

我请求在早上
你碰见
埋我的人

岁月的尘埃无边
秋天
我请求：
下一场雨
洗清我的骨头

我的眼睛合上
我请求：
雨
雨是一生过错
雨是悲欢离合

一生过错，多么绝望的呐喊！海子真想朝着全世界念自己的这首诗，让别人明了自己的情感。他又不想让任何一个人看自己的诗，因为这是自己的宿命，与别人无关，死，已经开始在海子的意识里蔓延（此后他的诗歌里面经常出现跟死有关的词语）。

与 B 分手后的第二天，海子拿着刚刚油印出来的《麦地之瓮》来找苇岸，他们谈论诗歌，苇岸还对海子进行了很高的评价。"语言在他手里，像斧头在樵夫手里。海子的诗不指向任何具体事物，而指向实体。幻想和实体是它的两翼……"两人并未谈起诗歌之外的任何事情，海子在刻意压抑失恋带来的情绪。苇岸将海子的作品推荐给昌平文化馆。

好在，海子又挺过来了，用情太专，是善良的人自己喂给自己的毒药。这一剂毒药没把海子毒死，海子没有自杀，他自己暗自嘲笑，"我是一个没有执行力的人"。

海子失恋之后，经常梦见活佛丹增罗布，他一身简朴的僧服，黝黑的面庞，不是很亲切但是很安详……对西藏的眷恋充斥了他的心。他随后花了一百五十元钱购买了一本《西藏唐卡》，一百五十元，对当时的很多学生来说都是天文数字，海子为了解脱，不惜一切代价。

这是一本好书，一本精美至极的画册，海子的心仍然习惯性地颤抖，见到别人的眼光时，他开始犹疑、揣摩，他已经思考别人的想法了，可当他小心翼翼地打开自己这本宝贝书的时候，淡淡适中的纸料气味就传入鼻孔中，他贪婪地吮吸几口，然后一页一页地翻。

这本书里面不仅有从清朝到以后的唐卡图片，还有简略的文字介绍附在后面，就拿《西藏的起源》一幅画来说，上面介绍的是"据《时轮经》记载，地球是由风、火、水、土、空气五种物质和七金山、须弥山等构成的，佛教认为，世界最下为风轮，其上为水轮，再其上为金轮，即地轮，这件唐卡即是根据这些记载而绘制的，外层是风火，内层为水土，水中画有各种生物，以代表生命。"

熟悉中西方哲学史的海子当然知道，多少人认为世界是火，世界是水，世界是五行，而这种对五行进行层次化的划分，他还是第一次见，这么一见，更加深了他对西藏佛教的爱。

另外，海子越来越明显地感觉到，自己翻阅唐卡的时候，有种十分熟悉的久违了的感觉缠绕在自己的胸口久久不能离去，是什么呢？海子苦想，啊，是我的瘦哥哥——唐卡的着色多么像梵高笔下的向日葵！就像将两个阔别多年的恋人重新拉合到一起，海子得意地大笑，他得意地大笑，笑，好像要把树上的叶子都震下来。

我所热爱的少女

河流的少女

头发变成了树叶

两臂变成了树干

你既然不能做我的妻子

你一定要成为我的王冠

我将和人间的伟大诗人一同戴

用你美丽的叶子缠绕我的竖琴和箭袋

秋天的屋顶、时间的重量
秋天又苦又香
使石头开花象一顶王冠

秋天的屋顶又苦又香
空中弥漫着一顶王冠
被劈开的月桂和扁桃和苦香

被劈开的月桂和扁桃和苦香，国王情怀与现实中的手无缚鸡之力，在这样的矛盾下，海子越要证明自己的文学才华，为别人，为自己。他已经用精妙的笔写出了《太阳·断头篇》。

另外的一部《太阳·土地篇》也在酝酿当中，除了看唐卡和睡觉的时间，海子都在苦思冥想，创作诗歌，既然女人只能做他的王冠，就让诗歌做自己的王后吧，海子用月光酿造自己的诗酒，高高举起，满饮。

元旦之后，海子完成了工作，做好回家过年的准备。他先是坐火车到成都，然后到达县，再到万县，最后回安庆。之所以要拐到达县，是因为那里有一票诗歌朋友，其中有一位女性，被称为 AP。AP 是一位女诗人，与海子有过书信往来。

达县是一座奇特的小城。一条叫作洲河的河流穿肠而过，河岸是荒凉的，稀稀落落停着船只。他与 AP 打着雨伞，沉默地穿过街道，与忙着收摊的民间艺人们共同走入黄昏。他与 AP 在一起共度了几天的时光，他们去了真佛山，写下一首《雨》。

打一支火把走到船外去看山头被雨淋湿的麦地

又弱又小的麦子！

然后在神像前把火把熄灭

我们沉默地靠在一起

你是一个仙女住在庄园的深处

月亮你寒冷的火焰穿戴的象一朵鲜花

在南方的天空上游泳

在夜里游泳越过我的头顶

高地的小村庄又小又贫穷

象一颗麦子

象一把伞

伞中裸体少女沉默不语

贫穷孤独的少女象女王一样住在一把伞中

阳光和雨水只能给你尘土和泥泞

你在伞中躲开一切

拒绝泪水和回忆回忆

AP 在年龄上要比海子年长，甚至很可能有丈夫和女儿。他们的爱情注定是一场空。如果 B 是一杯烈酒，海子已经将自己灌倒，他坐在强烈的阳光下，看起来没有醉意，酒精却在荒凉的血管里，奔流。

　　一个仰望诗人的女性，在最适当的时间，给了他微薄的爱，虽不足以让爱情复苏，但足以感受生之温暖。在诗人的记事本里，她浓缩为一个符号，没有过多的注解，但是带着疼痛，在诗里蔓延。

| 第七章 |

疯狂·梦想·荒凉

「 一 」
阳光打在地上

就像两个凶狠的僧侣点火烧着了野菊花地。

——海子《给 1986》

就像所有的悲剧英雄一样，海子的生活愈加接近于苦行。吃，他不在乎，穿，他更不在乎。他只在乎顺着自己的笔尖流淌下来的东西。而他已经有足够的鉴赏力来感知这些东西的好与坏，美与丑。知道怎样能做得更好，且去做，最让人产生希望，有能力前进，却舍弃世俗的幸福，这就让别人感到心酸了。而如果舍弃是因为害怕，就叫悲惨。

海子迎来了 1986 年，这时候中国现代诗坛兴起一阵创作热潮，由安徽的《诗歌报》和《深圳青年报》联合推出的"中国诗坛 1986 年现代诗群体大展"一时间轰轰烈烈，传遍全国。

有人说，这是中国诗歌的一次解放运动，有人说，这是中国精神的最集中体现，也有人说，这是中国文学界焕发青春的一次重大机遇。无论如何，形形色色的诗歌流派、团体、个人都对这次展览表示出了强烈的兴趣，他们精心创作、挑选，将自己最精美的作品拿出来，面向全国的读者。热闹非凡。

海子想走进来，虽然在许多表现上，他对世俗深恶痛绝，但内心中仍然希望自己的思绪被社会承认，自己的理想能够为人们熟知。这其实就是一只困兽向牢笼作出的斗争，牢笼坚不可破，困兽要么死去，要么被征服。

海子的尴尬，就在于不想马上死去，更不想被征服。这次大展的消息传到海子那里的时候，他正在殚精竭虑创作一首新诗，听到这个消息后，他停下了笔。下午的太阳照在笔上，在纸上留下了一个椭圆的光晕，海子静下心来，想一想。

海子在大学里教书的时候就创办了自己的诗刊，为了得到诗坛的承认，从大学毕业后就开始油印了《河流》《传说》《但是水，水》等大批诗集，不间断向各个杂志社邮寄。自己就是一匹千里马，希望遇见独具慧眼的伯乐，可是名声传播有限，很多编辑根本不知道还有海子这个人，有一些人一见是这样一个无名小辈，稿子连看都不看就直接丢开，那么随意，随意得就像一个顽童丢弃玩腻了的莲花……

海子不知道这些，这样一个积极进取的人只知道人定胜天，知道自助者天助，知道人善天不欺。于是，他一如既往地油印自己的作品，并发到各个杂志社，结果永远没有结果。

海子当然不全是在想着虚无。他想的什么，没人知道，当时他的笔尖略微一颤，上面的光晕霎时消失得无影踪。海子对自己说："我不想去了。"然后他没有参加这个盛会。

海子为什么没有参加这个盛会呢？因为他的诗歌没有被所有的人认同，他不好意思参加？因为他对中国文坛充满了失望，还是因为——在他就要做出决定的一刹那，他钢笔上的光晕没有了，然后他失去了信仰？研究海子的人认同第一种说法，喜欢海子的人倾向于第三种说法。

海子拒绝参加诗歌大赛，也没人强求他参加，海子自己甘心做一颗默默的星辰，在旁边静观别人的喧嚣，直到有一天海子的静默变成了烦躁。

海子的稿子很少被发表，可是他仍然拼命地写稿投稿。可在文坛中，并不只有海子这种自我拼搏的人。一个投机取巧的青年，把海子诗集里的诗歌重新摘抄一遍，署上自己的名字，他得意扬扬，要找正规出版社出版，海子一开始并不知道，当他得知后，愤怒地把自己的钢笔甩出窗外，他真想一拳打破眼前的玻璃！

就好像一个产妇的孩子被他人偷窃，海子陷入了一种被掏空的虚幻之中，他愤怒的情绪像一条疯狗，他想杀人。海子的夜晚来临，他已经在操场上漫无目的地走了一下午，他抓着自己的头发，在升旗的台座上坐下，自己到底哪里错了？一个追求梦想的人，一个有毅力的人，为什么必须面对这些不公平……

梦中无情的天空，黑暗的堡垒，禁锢囚徒的城市，可惜我只在一个荒岛上生存，没有生活的资格，头发打结胡须茂密，泅渡泅渡，不知所去……

如果没有什么出路，就只能死。可海子对生有着本能的渴望！他在外面待了很长时间，回到寝室已经是下半夜了。忽然，他发现门把手上放着一封信，是北大寄过来的，海子百无聊赖地打开信件，原来北京大学中文系要举办"中国当代新诗潮诗歌十一人研究会"。

作为当年北大的三大诗人之一，海子自然受到邀请。信件中强调，本研究会"旨在精通中国当代诗歌的本质主流，把握其最有发展前途的流向。限定其内涵丰富的艺术特征，强调并赞赏对诗歌的语言而非语言的诗歌的探索，因为这种探索的最终意味着已经复活的中国当代诗歌具有一种真正的生命"。

海子有些心动，上次的所谓诗歌大展是自己主动不参加的，如今诗歌被人剽窃，也是因为自己的名声不够，这次北大主动邀请自己，想必是给十一个人发的邀请信，这里面没有竞争——还是自己的母校温暖，海子想。这个诗人虽然有狂热的情绪，但本质上不喜欢竞争。

恰好，第二天，骆一禾也来信了，首先他对海子没有参加诗歌大展感到惋惜，其次，他说自己已经接到了北大的邀请，要海子务必参与进来，其中的一段话十分动人，如下：

"海子，我的弟弟，可能你想自己探寻智慧的王国，可能你现在一无所获，可能你对这个世界的信任与日俱减，但我要说的是，这个世界既然存在，就必然有存在的道理，你是学哲学的应该知道这一点，在这个道理之中，我们首先要成为自己的目的，你是你自己的目的，所以无须被俗事打扰，而且，我一直相信你……

"西川也受到了邀请，我们三个人终于又可以相聚了，这是缘分，我们都不想错过你……"

海子决定加入。

在第十三期发行的《启明星》杂志，研究会成员的名单被列出来，他们分别是：海子、李书磊、骆一禾、于慈江、老木、西川、张旭东、海翁、落兵、张伟、郁文。海子的诗《歌：阳光打在地上》也在此杂志上发表：

歌：阳光打在地上

阳光打在地上
并不见得
我的胸口在疼
疼又怎样
阳光打在地上

这地上
有人埋过羊骨
有人运过箱子、陶瓶和宝石
有人见过牧猪人。那是长久的漂流之后
阳光打在地上。阳光依然打在地上

这地上
少女们多得好像

我真有这么多女儿

真的生下过这么多女儿

真的曾经这样幸福

用一根水勺子

用小豆、菠菜、油菜

把它们养大

阳光打在地上

海子感谢北大，在他的心中，北大就是自己的另外一位母亲，她总能得知自己的困窘，总能在最及时的时候让自己感受到爱和温存。他于该年荣获了人生中第一个诗歌大奖———"北大一九八六年度五四文学大奖特别奖"。同时得到文学大奖的还有芒克、北岛、西川等人。

在由黄亦兵专为北京大学首届文学艺术节编辑的《风眼》专集中，还专门编发了海子的《城里》和《抱着白虎走过海洋》两首诗歌。

城里

面对棵棵绿树

坐着

一动不动

汽车声音响起在

脊背上
我这就想把我这
盖满落叶的旧外套
寄给这城里
任何一个人

这城里
有我的一份工资
有我的一份水

这城里
我爱着一个人
我爱着两只手
我爱着十只小鱼
跳进我的头发
我最爱煮熟的麦子
谁在这城里快活地走着
我就爱谁

　　《城里》这首诗的题目就很好，城里人是不会这么称呼城市的，只有从农村来到城市的人，才会这样。海子从来不隐瞒自己是个农村人，他以一个喜悦的、满足的农村人的姿态在城市里抒情——与这一点相对应的就是倒数第三句"我最爱煮熟的麦子，谁在这城市里快活地走着，我就爱谁"，没有比这更能表达人在幸福时候的连带感了。

海子恍然明白，人不只有在孤独的时候可以产生对世界的连带感，人本来就可以活得很简单——如果生命在最幸福的时候戛然而止，那该多好。

海子最快乐的时候就又想起了 B，平日里他给 B 写了无数封信，都没递出去。这次，他重新打开笔记本，他要把自己的快乐和最喜欢的人分享——他来不及想更多了。

他写道："我有自己的母校，这是我的荣光，我爱北大，在这里我的梦想起航了，我千万次在梦里，叠着纸飞机扔向太阳，可它们都陨落了，这次不是梦，我能真切地摸到我的诗——印刷到纸上的诗，我想，你对我来说，已经成了一种颜色，一种不可或缺的颜色，我有的时候后悔遇见你——请原谅我这么说，更多的时候却很庆幸遇见你，没有人比我更了解你，没有人了。

"我窗户前的树开始凋落，从你走后，天都变色，黑夜成了我蜷缩的地方，这曾经是你我共同留恋的地方呵……"

信写得十分安静，"思翻空而易奇，辞征实而难巧"在海子这儿成了"辞因人而生情"。当字从笔端流淌下来的时候，忽然就没有了怒气，只剩下淡淡的哀怨与忧郁。

当他写完这封信，那些焦躁与不安重新占领了他的心扉。

「 二 」
谁在美丽的火中飞行

我们坐下，感受茫茫黄昏，莫非这就是你我的黄昏。

——海子《北方的树林》

　　冬天来了，海子回到家，发现大弟因复读面临着很大的压力，整天眉头不展，海子为弟弟着急，却也没有太多的办法，他明白自己考上了北大，这无形中对弟弟就是一种压力，他拍着弟弟的肩膀，力图给弟弟一点信心。

　　海子还是忧郁的，回到家里之后，他更加依靠气功给自己身体与心理上带来的支撑。他练习很勤快，有的时候一天练习三次，他将自己的心得告诉弟弟。

　　弟弟似懂非懂，"什么是小周天？"海子热情地给弟弟讲解气功的练习阶段，和自己取得的成就，海子说自己现在已经破了小周天，上半身的气息可以自由流动。为了更直观地展现他练习气功所达到的境界，海子叫弟弟把手放在他的两只掌心中间，轻轻发功，由弱到强，大弟弟明显感觉到了气力的存在。

弟弟对海子佩服得五体投地，为了不被人误解，不重演中国政法大学里谣言翻滚的悲剧，海子嘱咐弟弟，这事情千万不可以对家里人说。

弟弟点头。然后他们又聊起了西藏，海子毫不掩饰自己对西藏的爱。他讲西藏的牧马人和高原美景，讲那里的套马杆与蒙古套马杆的不同，讲青稞酒和糌粑的味道，讲那里姑娘绯红的双颊。

弟弟如痴如醉地听着，原来考上大学会有这么多的好处，原来外面的世界真有这么精彩！海子从弟弟充满求知欲的眼神中看到了自己当年的影子，他给弟弟讲述自己的诗歌创作历程，他要在心理上让弟弟摆脱对自己的怀疑。

海子跟家人谈起去西藏的旅行，不由产生深深的怅惘，他于是明白，自己对西藏的眷恋，已经根深蒂固。《怅望祁连（之一）》和《怅望祁连（之二）》就是在这个时候完成的：

怅望祁连（之一）

那些是在过去死去的马匹
在明天死去的马匹
因为我的存在
它们在今天不死
它们在今天的湖泊里饮水食盐

天空上的大鸟

从一棵樱桃

或马骷髅中

射下雪来

于是马匹无比安静

这是我的马匹

它们只在今天的湖泊里饮水食盐

怅望祁连（之二）

星宿　刀　乳房

这就是雪水上流下来的东西

"亡我祁连山，使我牛羊不蕃息

失我胭脂山，令我妇女无颜色"

只有黑色牲畜的尾巴

鸟的尾巴

鱼的尾巴

儿子们脱落的尾巴

像七种蓝星下

插在屁股上的麦芒

风中拂动

雪水中拂动

海子的才华让几个弟弟非常佩服，尤其是二弟和三弟，他们缠着海子写好东西给他们看。海子微笑着答应了，说你们别嬉闹，等我写完了就念给你们听。二弟三弟点点头，就一点都不调皮了，海子诗情勃发，一挥而就，他看了看两个弟弟，大声朗诵道：

"那些是在过去死去的马匹 / 在明天死去的马匹 / 因为我的存在 / 它们在今天不死 / 它们在今天的湖泊里饮水食盐 // 天空上的大鸟 / 从一颗樱桃 / 或马骷髅中 / 射下雪来。/ 于是马匹无比安静 / 这是我的马匹 / 它们只在今天的湖泊里饮水食盐。"

海子有滋有味地读着，神采飞扬，可当他看向两个弟弟的时候，他们竟然已经跑出去玩了！海子感到了失落。海子像一只蛰伏的野兽，等待着春天的到来。鸟语花香，柳带香风，给海子的印象已经化成了天堂。

刚刚开春，海子就来到了昌平，他找到青年作家苇岸，聊以排解心中的无聊。苇岸是非常喜欢海子的，他和海子保持着长久的书信来往，用他的话说，海子操纵语言，就好像是"樵夫操纵斧头"，而苇岸早就胸怀大志，他了解海子，所以二人见了面，分外亲热。

苇岸请海子吃饭，都是青年，免不了谈起感情方面的事，海子久久压抑的对于 B 的复杂情绪在苇岸面前痛痛快快地吐露了一番，他说爱情就像沙漠中的一棵花，看上去美丽，却在风雨雷击面前如此的无能为力。

苇岸很欣赏海子的这一比喻，他谈到海子的比喻，平凡如画，天马行空，新奇独特。海子笑了，我算什么独特，在人家高级知识分子眼里，我不过是个种地的。苇岸知道这是针对 B 的父母说的，不便多说，便问海子愿不愿意到文化馆工作一下，也挣一些零花钱。海子想了想，这对自己倒是不错的一份工作，不是零花钱，而是对自己十分重要的一笔钱。他非常感激地拍了拍苇岸的肩膀，答应了。

苇岸把海子介绍到了昌平文化馆，以海子当时的名气和学历，很轻松地在文化馆立足了。他的主要工作是利用业余时间给馆里的学员们做些简短的培训。以前海子只在大学里工作，接触到的大多是学生，这样的一份工作让他接触到社会上的那些文化人，感受颇为不同。

更让海子兴奋的是，一位非常有气质的女性吸引了他的注意力，当海子在上面讲述的时候，女孩子就睁着清澈的眼睛看海子，海子能够感受到她眼睛里面的热情，这份纯真打动了海子，海子讲课的时候就仿佛是给她一个人讲，连声音都充满了感情。

海子为她写了首诗:《献诗——给 S 》

谁在美丽的早晨
谁在这一首诗中

谁在美丽的火中飞行
并对我有无限的赠予

谁在炊烟散尽的村庄
谁在晴朗的高空

天上的白云
是谁的伴侣

谁身体黑如夜晚两翼雪白
在思念在鸣叫

谁在美丽的早晨
谁在这一首诗中

很少送给别人诗的海子，郑重其事地将自己的这首诗送给了S，她大方地接过去，珍藏起来。海子觉得她的身上有种母性的光辉，她是自己的姐姐。

姐姐，今夜我在德令哈，夜色笼罩
姐姐，我今夜只有戈壁
草原尽头我两手空空
悲痛时握不住一颗泪滴
姐姐，今夜我在德令哈
这是雨水中一座荒凉的城
除了那些路过的和居住的
德令哈——今夜
这是唯一的，最后的，抒情。

　　这是唯一的，最后的，草原。

　　我把石头还给石头

　　让胜利的胜利

　　今夜青稞只属于她自己

　　一切都在生长

　　今夜我只有美丽的戈壁　空空

　　姐姐，今夜我不关心人类，我只想你。

　　S 的确称得上是海子的姐姐，作为回报，S 用了不到半个月的时间给海子织了一件毛衣，针脚细腻，柔软保暖。海子的心融化在 S 的爱心里面了。

　　海子从 S 那里得到的幸福，足可以把他创作长诗的激情点燃。他的激情被 S 一次次升华。其实海子早先开始构建长诗《太阳·断头篇》完成后，中间停歇了一段时间。后面接下来宏大的场面构筑因内心的矛盾和心情的低落一度中止。

　　《太阳》系列诗作，海子共写了七部，称《太阳七部书》。骆一禾先生在谈到这部对海子影响十分重要的诗作时，这样形容它：

　　"《七部书》的想象空间十分浩大，可以概括为东至太平洋沿岸，西至两河流域，分别以敦煌和金字塔为两极中心，北至蒙古大草原，南至印度次大陆，其中是以神话线索'鲲（南）鹏（北）之变'贯穿的，这个史诗图景的提炼程度相当有魅力，令人感到数字之美的简赅。

　　海子在这个图景上建立了支撑想象力和素材范围的原型谱，或者说象征体系的主轮廓（但不等于'象征主义'），这典型地反映在

《太阳·土地篇》（以《土地》为名散发过）里。在铸造了这些圆柱后，他在结构上借鉴了《圣经》的经验。这些工作的进展到 1987 年完成的《土地》写作，都还比较顺利。"

太阳早就成为海子的一个寄托，如今这一系列关于太阳的诗写出来之后，他给太阳有了一个交代，给自己，也有了一个交代。

一般情况下，S 一个星期去探望海子一两次，海子亦是如此，他们之间的爱情仿佛有点平淡，可海子知道，S 是自己的精神支柱，这个时候他才明白，什么才叫"平平淡淡才是真"。海子的创作之路稳固了，他开始拓展自己的境界，教授哲学让他博古通今，这些他奉为人间真理的智慧被他一一融入诗歌当中，例如，他为了研究印度教，对印度史诗大诗《摩诃婆罗多》及《罗摩衍那》做了一番仔细的研究。

兜了一个大圈子，知识的力量最终为海子接受，他的诗歌已经达到了一个相当可怕的境界，为了诗歌，他好像可以付出一切，哪怕，是自己的生命。

「 三 」

明天醒来我会在哪一只鞋子里

> 我从大海来到落日的正中央，飞遍了天空找不到一块
> 落脚之地。
>
> ——海子《我飞遍草原的天空》

生命本就是一种迷惘，从此，海子便爱上了流浪，以梦为马。他渴望在经历苦乐，追求生命迷雾后的真相，踏上那个无疆的图腾。他在不断地获得，获得饱满的生命，他又是在不断地丧失，丧失了为亲人尽义务的机会。

命运的时钟，定格在那一年，孤独的海子正流浪在异乡，像无根的蒲公英，随着命运的风，飘起、坠落。每一个倦鸟归巢的日暮，他都会凝望着家的方向，那也是他心中思念最浓的时刻。他记得家的样子，却不知家中发生的故事。他不知道，自己的大弟弟再一次名落孙山，可怜的孩子距离本科分数线仅仅相差十分，但是退而求

其次，还是可以报考专科。

能有大学可念，总还算是好的。家里人的想法是，让海子给弟弟选一个好的专业和学校，也许将来能有个不错的出路。几经讨论，家人把这样的情况简要写明，用电报告诉了海子，让他帮着弟弟填报志愿。

电报发出，家人们心中又燃起了希望。然而，令家人没有预料到的是，海子当时并不在学校而是在流浪的途中。海子错过了家里的电报。弟弟也失去了这次上大学的机会。当海子看到过期的电报单子时，心中涌起了一阵刺痛和酸楚。查曙明和家人没有妄自做主，他因此错过了这次上大学的机会。

痛苦，是因为在乎和深爱。因此，每一种痛的领悟，都是灵魂的一次升华。海子追寻诗歌的灵魂天空，也欣然承受生命所给予的痛。

他在日记里这样写道："我是如此地重视黑暗，以至我要以《黑夜》为题写诗。这应该是一首真正伟大的诗，伟大的抒情的诗。在《黑夜》中我将回顾一个飞逝而去的过去之夜、夜行的货车和列车、旅程的劳累和不安的辗转迁徙、不安的奔驰于旷野同样迷乱的心，渴望一种夜晚的无家状态。我还要写到我结识的一个个女性、少女和女人。她们在童年似姐妹和母亲，似遥远的滚动而退却远方的黑色的地平线。她们是白天的边界之外的异境，是异国的群山，是别的民族的山河，是天堂的美丽灯盏一般挂下的果实，那样的可望而不可即。这样她们就悸动如地平线和阴影，吸引着我那近乎自恋的童年时代。接下来就是爆炸和暴乱，那革命的少年时代——这疯狂的少年时代的盲目和黑暗里的黑夜至今也未在我的内心平息和结束。"

"少年时代他迷恋超越和辞句，迷恋一切又打碎一切，但又总是那么透明，那么一往情深，犹如清晨带露的花朵和战士手中带露的枪支。那是没有诗而其实就是盲目之诗的岁月，执着于过眼烟云的一切，忧郁感伤仿佛上一个世纪的少年，为每一张匆匆闪过的脸孔而欣悦。每一年的每一天都会爱上一个新的女性，犹如露珠日日破裂日日重生，对于生命的本体和大地没有损害，只是增添了大地诗意的缤纷、朦胧和空幻。一切如此美好，每一天都有一个新的异常美丽的面孔等着我去爱上。每一个日子我都早早起床，我迷恋于清晨，投身于一个又一个日子，那日子并不是生活——那日子他只是梦，少年的梦。这段时间在我是较为漫长的，因为我的童年时代是结束得太早太快了！"

他的身，在此处，此方，不得不和勇士、小丑走在同样的路途上。而他的灵魂，却在梦中的远方。他高举着诗歌理想的火焰，要让那火焰，如落英般撒向祖国的每一个角落。山川城寨，都是他梦里经过的地方。在他的心中，诗歌如同那明艳的太阳，永远不朽，明艳。

海子对诗歌，十分迷恋，就如同爱情，越是倾心深情，就越会深深沦陷。《太阳》创作，让海子的精神幻想也几近巅峰状态，他的灵魂穿过山川城宇，轻抚过溪水和骄阳。他对周身的世界越发冷漠，能让他挂心的生活琐事，越来越少。他却在一片恢宏壮丽的精神领域里精彩地生活。

海子精彩的作品，并不是一开始就被人接受。1987 年，海子的作品才算得到更多人的认可和喜爱，越来越多的杂志刊登他的作品。

当年第二期的《巴山文艺》、第八期的《山西文学》及第四期的《十月》等杂志上，都有他的作品在列。他的每一首诗，都如一个神奇的精灵在刊物上，绚丽的舞动，或美丽，或忧伤，或哀婉……他总是那样独特而动人，在宁静和孤独的人生岁月里，用生命谱写着灵魂舞动的绝艳风姿。

似乎是一种注定的命运规律，每一种惊艳都必然是短暂的。因为，再美的东西，人们一旦看惯了，也就看淡了，渐渐地，也就会抛在记忆的尘海里，忘记了。也因为，最美最好的东西，必须要倾尽所有生命力和灵魂来浇灌。

因此，海子非常相信天才短命论。叶赛宁、莫扎特、马雅可夫斯基、梵高……许许多多的天才，在短暂的生命里，创造了绚烂，为世界创造了永恒的记忆。但是，海子，并不会为这种天才短命的宿命而感到悲伤，却反而更加让他珍惜每一寸美丽的时光。但再美的光阴也还是会有寂寞的时候。

诗人寂寞是长情，但是寂寞里的空虚，却是诗人致命的蛊毒。海子，却有自己独特的排遣方式。他每每在感动寂寞的时候都会练气功，吐纳之间，静静地感受生命的跃动。他在锻炼的时刻，会慢慢地呼吸，慢慢放大每一丝细微的感官感受，让世界静下来，让心慢下来。寂寞和空虚；也就慢慢消散了。一次，寒假在家的时候，海子还非常有兴致地给弟弟表演了自己练就的本领。这着实让弟弟大吃一惊。海子在发功时，竟然可以让耳垂随意摆动。这并不是常人能够达到的境界。

海子是孤独的，因为他孤独地驰骋在一片精神领域里，那个壮美而绚烂的世界，是他亲手建造的，也唯有他自己孤赏。然而，海子也是自由的。因为，他可以驾着梦的骏马，自由驰骋，不受任何束缚。他在《太阳》的王国里逍遥着。他听到看到感受到的，统统都是自己最真实的感受，没有半点的虚假和遮掩。海子，就如同一个快乐而孤独的孩子，自由随性，以自己喜爱的方式活着。

海子的自由随性，不仅仅是存在于精神世界里，更是延伸到了自己的生活中。有一段时期，他蓄起了胡子，这惹得父亲大动肝火。因为海子怪异的样子引起了不少乡亲在背后指指点点。当那些议论的声音传到父亲耳朵里的时候，父亲暴跳如雷，对海子狠狠地训斥了一番。

见父亲动怒，海子也顺了父亲的意思，理去了胡须。蓄留胡须，本来是一件很正常的事情，但是却引来非议。这世界让海子感到十足地无聊。他越来越清晰地感受到，唯有诗歌的世界里，才是最快乐的。

写诗，成了他生命中酣畅淋漓的宣泄，他一面在抒发，一面在创造。他的快乐，正在于此。然而，海子并不是一个只懂埋头写诗的木讷诗人。除了写诗之外，海子在家还喜欢和朋友们一起喝酒。不是吟风赏月的小酌，而是非常爽快地豪饮。

一坛酒分别倒满几个大瓷碗。几个人高呼着碰碗，然后一饮而尽。浓郁的酒香，在席间萦回环绕。几个朋友纵情地喝着，畅快地聊着，海子渐渐地体会着世界由清晰到迷离，有些时候便在朋友家里昏沉沉地醉过去。

海子喜欢饮酒，却并不是一个嗜酒如命的酒鬼，酒对于他来说只是一种助兴的消遣。每次酒喝到兴头，总是觉得不过瘾，一定要坚持把酒全部都喝光，但是，一旦酒喝光，他硬是再去买。几个朋友虽然会时常劝阻，但是最后大多依了海子，去买酒回来陪他喝个痛快。

一碗碗醇香的酒，如溪流一般缓缓下肚。海子感受到身体不断变得轻飘。所有感官的体验都变得柔软了。他就如同一个调皮的孩子，任凭朋友的阻留，还是开心地嚷着回家。朋友们拗不过这个大孩子，只好送他回去。

往常一段寻常的回家之路，因为酒精的作用，而变了样子。山野田园，都变得迷离而柔美。那一条回家的小径，更像是一条探险的路。这一路上，迷醉的海子可经历不少坎坷，跌跌撞撞栽了不少跟头。最狼狈的是，他在经过一片稻田的时候还栽到了田里，满身污泥的他还依旧不忘，环顾一下周围美丽的风景，脸上溢满了笑容和满足，心里也美滋滋的。

历经"险途"后，他终于回到家中，面对狼狈不堪的孩子，父亲并没有太多的责备，只是要他以后少喝些酒，再有兴致也不能忽略了自己的身体。他只是痴痴地笑着，像个孩童一般望着父亲。

他始终如太阳一般明艳灿烂，又似同太阳一样孤寂。在追寻诗歌的路上，他的灵魂，将踏上永恒的皈依。

「四」
以梦为马

> 雨水中出现了平原上的麦子，这些雨水中的景色有些
> 陌生，天已黑了，下着雨，我坐在水上给你写信。
>
> ——海子《遥远的路程》

思索，灵魂的步履，写诗，是历尽生命颠簸后的翩然优雅的舞。为了那一支灵魂之舞，海子倾尽了无限的生命力。

1988 年，一个雪花飘飞的寒冬，万物枯槁而寂静，冬季是大自然的一次蛰思。这个寂冷的季节，令海子的头脑格外清晰。正值寒假，海子安分地待在家中，全身心地投入到了他自己的世界中，他伴着每一天里的日出日落，倾尽心力地进行《太阳》的创作。

他一直在不停地写，不停地思考，不停地改，他感受到灵魂的疾驰，也惊喜地看到思想在自我审视中碰撞的火花。他一面体会着身体的疲乏，一面又深切地感受到思想在狂舞。

写作成了一种瘾，在心灵深处生根，已经不可能拔除，唯有越

陷越深。他已经不需要在这个世界里求索，而是要挖掘自己内心深处潜藏的灵光。

世上最重要的东西，人们往往用以比作同生命一般重要，就如同爱情，爱如生命。而海子对于诗的迷恋已经远远高过了生命的境界。他是在以生命为柴，煮最美的诗歌。真正伟大的艺术，必然要倾尽最真实的灵魂。

他的痴迷，就如同他的诗，并不容易被理解。尤其，是他的母亲，始终都难以理解，为什么要花这样大的心血却写一些诗歌。母亲暗自忖度着，或许儿子写作就是为了工作，或者是为了工作而写作。那种超越生命的热爱，是母亲永远也不会去设想的理由，可偏偏，海子所有的辛苦和付出，都不是具体的为了什么，而是一种自由的表达，只因内心深处痴狂的爱。

太阳在每一日朝朝暮暮间起落，海子的作品也在日渐丰满。他的诗歌，就如同那骄阳般璀璨，他的灵魂，赋予了诗灼热的力量。海子对于《太阳》倾注了浓厚的感情，就如同珍视自己的孩子一样，珍视自己的作品，但是，他并不是完全沉浸在自己的世界。他想要听到更多声音。

在年初，寒冷还未结束，海子便提早结束了寒假，满地的爆竹红屑像是浪漫的落英，海子怀着激动的心情带着自己的《太阳》诗稿，奔向了四川，蜀道难，却没有心路难。海子要去会一会之前通过书信联系的"袍哥们"，他要将自己的作品拿给他们，听听大家的意见。

这一次四川之行，海子有不少的收获，因为他在四川见到了众多在中国诗坛上有影响力的四川诗人欧阳江河、万夏……诗人聚在一起，是一种思想的碰撞，他们愉快地谈论诗歌、谈论生活、谈论一切美与丑的事情，诗人们各抒己见，交谈之间碰撞出了不少的灵魂花火。同诗人们的交谈，让海子感受到了灵魂的丰满。

4月，桃李相应红，灿烂的初春，给人无限的舒适温暖，花树灿烂，隆重地点缀着春的盛宴。此时的海子，已经辗转到了四川沐川，沐川，一个葱葱郁郁的四川小县，是一个极其秀美而浪漫的地方。有"绿色明珠"的美称。美丽的风景，自然让浪漫的海子沉醉，并且，更让他感到很高兴的是宋渠、宋玮两个兄弟诗人热情地接待了他。海子也是一踏进这里，便喜欢上了。

这里的一切，都让他感受到一种发自内心的纯净。这里的气氛，给予他灵魂的丰盈的滋养，于是，海子在宋家的房山书院一住就是一个月。这里是寂静的，门口是一条清澈的小溪，溪流蜿蜒，就如同白练，让这寂静的风景里略带动感和柔情。书院背后是一座青山。海子到的时候，漫山已是烟绿色。山的顶峰雾海缭绕，恍如隔世的仙境。

宋家书院，环境清雅优美，走进小院便是一个美丽的花园，踏着石板小径，就到了藏书和居住的地方。海子就是在这里继续他的《太阳》创作。寂静清雅的环境让他更加全神贯注地投入写作。如同往日，伴着朝阳和日落，当夜幕降临时，月光清幽地洒在屋子里，向他传递着阳关的思念。芳草的幽香，也会随着清风，时不时地荡漾在空气中。那种美好和惬意的感受，是海子生命中珍贵的体验。

有时候，海子还会在樱桃树下一边吃着沐川上好的早茶，一边和主人谈论一些房山的旧事。所有记忆的故事，就如同一张张老照片，从时光深处接续飘来。沐川的早茶固然美味醇香，但更美好的，却是这岁月的茶，伴着这温暖和煦的春风，更让人心旷神怡。

人生中，总有一些美丽的生命画面，会在岁月里风干，成了记忆的书签，光艳艳地记录生命精彩的故事。如果此刻，你正经历简单的惬意，请珍惜，勿忘记。

喜怒哀乐，是生命中不可或缺的味道，我们每一个人都是在不断收获，有苦有乐，无从逃避，无从拒绝。

海子在诗歌里，进步飞速，但是在爱情的海洋里，却并不能稳步起航。或许，因为离诗歌太近，爱情也就与他渐行渐远了。此时的Ｓ，那个曾经与他相爱的人，要同他分离。对于她的选择，海子是理解并尊重的。他知道，在她的眼里，他就如同一个流浪的艺人，纵然有才华，却始终是太漂泊。浪漫已经过了保质期，她现在更想要稳定踏实的生活。所以，她必然要离开漂泊的海子，找一个安稳的皈依。

不是所有别离都是苦难，有时候，分开，是渡了彼此脱离苦海。这一次爱情的分离，是十分平静的，海子很淡然地接受了这个事实。分开是彼此的成全，他们可以无所牵挂地走向自己想要的未来。海子的未来，是用诗歌铺就的。那是一条孤寂的灵魂之旅。

6月，是繁华的盛夏，万物生机益然，每一寸阳光里都涌动着希望。海子的创作之旅即将踏上新的旅途，他开始着手创作《太阳·弑》的诗篇，在这同时，他也开始了旅行——重走西藏的路。

这一次，海子和一平、王恩衷三人结伴而行。西藏的天空有一种独特的孤寂的美，每向前迈进一个步子，都如同一场灵魂的朝圣之旅。有时，他会望着前方发呆，绵延起伏的山峦，一直接到天际。也许他会想到，就这样走，是否，会看到世界尽头。

在青藏线上流连了几个日子之后，进入拉萨。美丽的拉萨，如同这苍茫高原里一个美丽的西藏姑娘，柔情万种，又魅力四射，这虽然不是海子第一次到来，但他却依旧为这美丽的日光城而惊艳。太阳是海子灵魂的皈依，那么，西藏，应该是接近太阳的地方，他在这异地里，来寻找灵魂的故乡。

在拉萨做了简单的休整之后，准备进入西藏腹地，西藏，提及这两个字的时候，人们的心中便会生出许多神秘的猜想。海子迷恋上了这种未知的迷惑，他渴望知道更多的西藏的文化故事。他强烈地感受到，一个神秘的文化宝藏，正在敞开怀抱，迎接着他的到来。

生命的一些精彩来源于始料不及的收获，这一次，令海子没有想到的是，他首先打开的，是感情的宝藏。来拉萨的第二天，他找到了任职于《西藏文学》杂志社的女诗人，编辑H。在此之前，海子跟H通过几封信。爱在电光石火间迸发。第一次接触，他就迷恋上了她。

她对西藏的文化有着很深的了解，听着她侃侃而谈，他的心中浮生出一种崇敬。她的身影就那样反反复复地萦绕在海子的心中，她成了他心中"拉萨河的女神"。

海子的爱是热烈的，他希望她能够同他坠入烟火人间，然而他得到的却是淡然的拒绝。

海子将她化成了心中的一座神圣的女神雕像，不可侵犯，可是他却永远不可触碰。有一种说不出的忧伤。

有些事，在过往的风中散开，有些事，却注定铭刻在心中，一生难以忘怀。他走了，却带走了满心的伤愁，然而，他却不得不上路。

海子三人去了日喀则，又去了萨迦寺，寺院钟声在回荡几圈后又四散飘向远方。僧人们敲着木鱼，在佛前梵唱，那经文，有着澄澈灵魂的力量。海子的心，在这经声中涤荡。然而，更让他血液沸腾的是，他看到了罕见的经书，那密密麻麻的藏文，就那样静默有序地排列在书上。就如同成千上万个威严的老僧，静默地守卫着古老的藏文化。不可怀疑，这是世界的珍宝。

随后，海子等人又继续旅途，巍峨的喜马拉雅山脚下，他再一次亲密地接触了藏文化。那是最神圣的"天葬"。

这种天葬的仪式使海子的内心受到极大的冲击，但是对于藏民来说却是一种神圣的信仰。

这一次深入西藏的文化之旅，也是一次跌宕起伏的灵魂之旅。他的灵魂经历了许多文化的冲击。在归途中，海子在玛尼堆前，拾拣了两块精美的雕像，也许，这是他在经历了一次藏族文化后，开启了佛缘。

虽然，海子并不是宗教的信徒，但是他灵魂的根里，有同佛教相同的彻悟。海子对它们敬畏无比，经常烧香跪拜。是一种敬仰，也是一种对藏族文化的温暖怀念。两尊佛像，就如同藏地里跟随而来的使者，始终守护着海子。在海子离世后，这两尊佛像也随他的遗物被托运至怀宁老家，现在镶嵌在他的坟墓边上。静默地，陪着他看着地老天荒的故事。

| 第八章 |

死亡·尽头·不朽

「一」
我站在太阳痛苦的芒上

> 黑夜从大地上升起，遮住了光明的天空，丰收后荒凉
> 的大地，黑夜从你内部上升。
>
> ——海子《黑夜的献诗——献给黑夜的女儿》

海子，站在太阳痛苦的芒上，体会着最灿烂的光，演绎着最绚丽的灵魂舞动。就如同童话里海的女儿，为了爱的舞蹈，宁愿脚踏冰冷的刀。而海子甘愿承受剧痛，并不是因为爱情，而是因为他炙恋的诗歌。也许，很多人，都同他一样，踩着痛苦，向理想瞻望。

为了诗歌，他倾尽了所有情感。他今生最大的爱，没有给予某个姑娘，也没有给予自己，而是给予了他挚爱的诗歌，他为它奔走，为它喜悦，为它哀愁……而所有情感和辛劳的付出，对于他来说，都是值得的。

孤僻，是我们对才华横溢的人的一贯认识，然而，海子却并不是一个孤僻而自我的诗人。他很喜欢参加诗人俱乐部，由一些诗人成立的"幸存者俱乐部"在经历了一段时间的运行和发展后，在北京已有些不小的名气，海子很积极地参加了俱乐部，而作为俱乐部中的一员，他都定期去参加作品讨论会。他怀着一颗诚恳的心，去同一些前辈和诗者交流。他希望在这种讨论中能汲取一些营养。愿望虽然是美好的，但是事实并不全是同他愿望的那样美好。

因为，他遭遇了一些严厉的评判。他在所谓的诗的领域里是个小辈，年纪尚轻，资历尚浅，他的小，让那些所谓的诗人有的放矢。然而，他难辩众口，却又沉默下去。抱着他的诗稿痛苦地回到昌平。

金秋九月，浪漫的金色，满溢了整个世界，秋季是一个成熟收获的季节，而海子的《太阳·弑》也进入了收尾期。因此，这个秋季，对于海子来说，有着非同一般的意义。燎原先生在《扑向太阳之豹》一书中介绍了此诗篇的基本情节。

"以暴君统治保持自己王位的巴比仑国王因为唯一的王子自小失踪，所以在其垂暮之年决定以在全国举行一次诗歌大赛的方式，选拔自己王位的继承者。这是巴比仑国历史上历任国王中少有的慷慨，也是少有的残忍之举。因为王位只有一个，而所有的竞争失败者都无一例外地被处死，这也就意味着这个唯一的王位必然以无数参赛诗人的人头为代价。

"大赛开始若干时日以来，一批批竞选失败的诗人：钺形无名人、小瞎子、稻草人、流浪汉、纵火犯、酒鬼……在国会元老充当裁判官端坐其上，两侧盔甲兵士布列，类似宗教大法会气氛的主席台上，一个个先后被五花大绑地押送而过，前往刑场处死。继而就剩下了来自西边沙漠草原之国，怀有秘密使命的猛兽、青草、吉卜赛，以及前来寻找妻子的剑（宝剑）这样四位青年诗人。

"剑与这三位青年是患难兄弟。他的妻子红实际上是巴比仑国王的公主，当年在沙漠草原之国时，吉卜赛爱上了红，而红却爱上了剑，并且结婚。此后红鬼使神差地离开剑，来到巴比仑国，并且神经错乱。

"而现今这个在位的巴比仑国王，当年又是由魔王、天王（他在另一个时间另一个地点名叫洪秀全）、血王、乞丐王、霸王（在另一个地点名叫项羽）、闯王（他在另一个时间另一个地点叫李自成）和无名国王等十三位行帮霸主结拜的'十三反王'中的老八。当年的十三反王天不怕，地不怕，以十数年间'刀尖上舔血'的日子，推翻了一个有几千年历史的老王朝，从此夺得天下，并推荐老八为其新的王朝——巴比仑国国王。

"登上国王王座的这位老八，又是一个怀有宇宙大国之梦的充满野心的诗人政治家。为了扬名万世，他不顾十二兄弟和天下百姓的劝告而横征暴敛，决意要修造一座巨大无比的太阳神神庙。神庙终于修成，而百姓们也死了将近一半。于是，曾是其兄弟的十二反王重新起来造反，但不幸全部被获处死，只有最小的第十三反王在众兄弟的掩护中皮肉不伤地安全逃脱，在西边建立了一个新的沙漠草原王国，在逃离之前，他偷走了巴比仑王的婴儿——剑。

"第十三反王不但是众反王中最年青最勇敢的一个，还是世纪交替之际最伟大的诗人。青草、剑等四位青年乃至包括公主红都是受他的影响熏陶而成为诗人的。青草等三位青年此番来巴比仑的一个秘密使命，就是受他的指派杀死巴比仑王以复宿仇的。

"……只剩下了来自外邦的这四位青年诗人开始残酷的诗歌／王位角逐。猛兽因不忍兄弟间的互相残杀首先用火枪自杀。接着是青草失败毙命。当作为最后的胜利者吉卜赛上场时，他的精神已几近被摧毁。现在，他离实现自己的使命只有一步之遥。当裁判官大祭司宣布了他继承王位的资格，他从国王手中接过象征王位的剑后，立时毫不犹豫地将它刺入巴比仑国王。

"然而，吉卜赛刺死的却是他当年深爱过的红！精神错乱的红由于意识被操纵而装扮成巴比仑王，而老谋深算的巴比仑王则装扮成了大祭司。中了奸计的吉卜赛愧愤难当执剑自裁。

"红在临死前神志恢复，认出了装扮大祭司的国王，并让其找来剑作最后的告别。而本是前来寻妻的宝剑此时无可回避地跻身于这场血腥残杀之末最终的复仇。

"两个最关键的人物终于直面相对。此时已没有诗歌而只有复仇。嘈杂模糊的舞台使两人的对话如在山腹中只能听见片言只语。剑向老迈狡诈的国王怒而兴师问罪：你杀了我两个儿童般纯洁的兄弟，又杀了我的妻子，我现在就要拧断你的脖子去喂狗……

"但年青、锐利、血气方刚的剑根本不会想到，整个事态都是完全按着国王的设计进行的。此时已喝下毒药，只有一个时辰可活的国王临终道出了事情的真相：红是我的女儿，你是我的儿子。你自小失踪，红长大后就出门寻找哥哥，没想到遇见了你，爱上了你，与你结了婚。后来有人告诉了她，她就离开你回到家乡，从此就发了疯……我只想把王位传给你，如果我不杀死他们……我干了一切为你可干的事，给你留下这铁打的江山和黄金的土地……这最终的真相同时将剑置于罪恶的境地，也使剑意识到他与国王两人生命的肮脏：黑暗的今夜是你我的日子，明天的巴比仑河上又将涌起朝霞的大浪。我的兄弟和爱人又会复活在他们之间。在曙光中，只有肮脏的你我不会复活。

"接着，已经成为王子的剑斥退廷臣走出王宫，在开满野花的道路上一阵狂奔之后拔剑自刎。……"

这便是《太阳·弑》情节的概括。整篇诗文写作体系十分完整，情感浓郁真挚。

骆一禾在评价这部诗篇时说："《弑》是一部仪式剧或命运悲剧文体的作品，舞台是全部血红的空间，间或楔入漆黑的空间，宛如生命四周宿命的秘穴。在这个空间里活动的人物恍如幻象置身于血海内部，对话中不时响起鼓、钹、法号和震荡器的雷鸣。这个空间的精神压力具有恐怖效果。本世纪另一个极端例子是阿尔贝·加缪，使用过全黑色剧场设计，从色调上说，血红比黑更暗，因为它处于压力中写下的人物道白却有着猛烈奔驰的速度。这种危险的速度，也是太阳神之子的诗歌中的特征。"

这是一种情感的热烈表达，这诗中的每一个文字，都蕴藏着滚烫而浓烈的力量。他是天才的语言建筑师，他以天才的视角用文字创造了一种诗歌的天境。那是他自我情感的巅峰，山峰之上，他将诗的文字洒向自由的天空，不管它是否会被人理解，它却依旧灿烂。

这部诗篇也是海子《太阳·七部书》中最被西川先生看好的一部。天才的设计师，终于是有幸遇到了一双识英雄的慧眼。在西川先生看来，海子在诗歌的建筑上，是一个果敢的勇士，他敢于面对自己，真实地表达。又打破了人们对诗歌的认知体系。创造一种崭新的美的巅峰。

海子，是诗歌的奇迹。他的诗歌，绽放得太过灿烂，而繁华背后，等待他的，是一片寂冷的孤独和哀伤。

「 二 」

青春降临大地，如此单纯

该得到的尚未得到，该丧失的早已丧失。

——《秋》

　　青春，是件多么美好的事情，它来到这世界上，就是最美的故事，一切，都那么欢欣，动人。

　　《弑》完成了，海子就如同完成了一件生命中隆重的大事，他紧张而亢奋的神经终于可以略微舒缓。他将遁入沉静，开始新的思索，新的攀登。

　　也许是因为成长的孤独，让他心中生出了缱绻思念的情怀，海子把他的母亲接到了昌平，许久不见，再怀想起母亲，心中扯出许多酸涩的情感。

　　北京的车站，他听着那汽笛鸣响，遥望着火车驶来的方向，火车越来越近了，离母亲也越来越近了，他却忽然紧张起来。许久的焦灼等待，他终于迎来了风尘仆仆的母亲。看见母亲疲倦的面容上浮现着笑意，海子的心中，却心生歉意，母亲苍老了，他却没有在身边太多尽孝。

母亲看着海子身边漂亮的女孩，更高兴了。海子向母亲介绍了自己的女朋友 Y。原本，母亲还在惦记着海子的婚姻大事，而刚见面就看到了海子漂亮的女朋友，悬着的心，也就略微放下了。

诗是海子的生命，也是媒人。Y 与海子，是因为诗而结缘，女孩本来是海子的一位诗友，许久来的谈文论诗，让两人的感情越来越浓厚，最后发展为恋人。这样一种情感的发展，纵使在今天来看，也是十分浪漫。Y 有一份非常好的工作，又十分上进，前途很光明的，母亲对这女孩非常满意。

在了解了 Y 的情况后，母亲也就放心了，唯独期望两个和和美美的人能够终成眷属。来到海子的住处之后，Y 也是非常大方有礼地对海子的母亲嘘寒问暖，Y 给海子的母亲留下了很懂事乖巧的好印象，母亲越来越喜欢她。但是因为口音问题，沟通不是很畅快，这样一来，海子就成了母亲和女友之间的翻译。那是海子记忆中一段着实温暖而欢欣的记忆。

当母亲认真地环视海子的住处之后便惊呆了，因为这间不算宽敞的屋子被书籍堆满了。对于儿子对诗歌的痴狂，做母亲的虽然理解不了，但也只能摇摇头罢了。

在海子的陪同之下，母亲好好地逛了一回京城，他带母亲去见识北京城的特色，也带他去吃美味的小吃，看见母亲的笑容，海子觉得心里暖融融的，就仿佛母亲是一个孩子一般，那样快乐，满足。

　　一次，母子二人路过地铁站，见小贩在卖切成条的哈密瓜，海子上前询问价格，小贩说："五块五毛"，两人都以为五毛钱可以吃五块，高兴地拿起来就咬。小贩急忙阻拦："别急呀，让我先过秤"，海子才恍然明白，自己搞了一回乌龙，代价是花了很高的价钱享受了不该享受的"奢侈食物"。但是，海子就算是游玩，也不会忘去书店，买上一两本书，这样一来，晚上回到家中时，他便背回去不少书。母亲这才知道，海子这一屋子书是怎样攒下来的。

　　海子的女友会经常来到海子的住处，带一些水果之类的食物给海子的母亲。多次的交流，使得女友与母亲之间越发亲密起来，俨然已经成了真正的婆媳。

　　孝顺的海子想尽一切办法让母亲吃好、睡好、生活好。只要母亲每一天都开心，他便会感到满足。但是，纵使吃喝享乐，让母亲体会到了大城市的快乐，她对儿子还是存在着诸多的担忧，诸如儿子的生活能力，还有儿子的交际能力。

　　因为，母亲正好经历了一次海子在偶遇系领导时的冷淡。母亲告诫儿子要和领导同事处理好关系，但是海子的回答是："那个人虽然是领导，实际上肚子里的'墨水'并不多，没有必要去和他多讲话。"海子的倔强让母亲又气又恼，她明知道海子倔强的性格，却还是忍不住担心。

　　因此，同儿子在一起的时候，母亲总是时常教导儿子做人要开明些。

　　海子的固执在学校是众所周知的，海子基本不会参加学校组织的各种会议。就算每月只拿到最基本的工资，他还是坚持着做自己喜欢做的事情。对于海子来说，将时间用在他去开会、搞活动上，着实是浪费青春。用这些时间来写诗，那才是他生命最大价值的体现。因此，在后来评定职称的时候，他被领导们停留在"助教"资格线上。海子对于这样的评定并没有什么意见，所有外界评判的眼光，他都已经习惯。他只是做自己就够了。所以，他必然不会花费力气，去博得他人的认可。

很快，就到了与母亲离别的日子。母亲虽然舍不得海子，但是，她却不得不离开，海子要过自己的生活，她也需要回家去照顾自己其他的孩子，作为母亲，每一个孩子都是她心头的肉。

母亲临走时，海子瞒着母亲借了三百元钱塞给她，让她回怀宁后买些自己喜欢吃的、穿的、用的东西。

母亲坚决不收儿子的钱，她知道儿子的生活也很拮据。此时母亲的心中是溢满了幸福的。僵持不下，唯有收下了儿子的孝心。最后还是不忘记叮嘱儿子早点和女友结成良缘。

一声声话别，母亲最终还是走了，看着母亲瘦小的背影，海子的心中涌起了浓浓的愁云。

不久之后，海子收到了大弟弟查曙明给他的一封信。信中，大弟弟向他诉说了心中的想法，希望复读，再次争取念大学的机会。希望得到哥哥的支持。

其实，海子作为一个知识分子，又怎么会不知道弟弟心中的痛楚呢。此时的大弟弟已经在家休学一年了，海子知道，这一年的光阴里，弟弟一定是将那遗憾和痛苦的滋味体味过千百遍了。这一次，弟弟能够走出落榜的阴霾，再战高考，他已经感到很欣慰了。

对于弟弟的想法，海子自然是非常支持。他写了一封信，鼓励并赞扬了弟弟的想法，同时，还邮寄了 300 元钱作为经济支持。同时，他又写信联系了自己的高中老师，帮弟弟联系复读做准备。

对于弟弟没有上大学，海子心中一直心存歉意，因为，弟弟没有念成大学，很大一部分原因是由于他没有尽到一个做哥哥的义务。为今所作，是对弟弟的支持，也是对自己心灵的一次弥补。

弟弟去复读，海子的一件心事又算了了。经过一段时间的积淀，他又开始进行了诗的创作。海子疯狂地写作，越多的情感投入，便让他的心底滋生出更多深切的渴望，那就是他渴望自己的长诗被别人认可。并非是为了名利，而是期望一种价值的承认。

11 月 21 日，又一篇巨作诞生，他创作了《太阳·弥赛亚》。因为诗歌，他越来越走近太阳。他感受到了一种灼热，他的灵魂感受到了光芒的刺痛，太阳就要近了。

青春迎面走来
成为我和大地
开天辟地
世界必然破碎

青春迎面走来
世界必然破碎
天堂欢聚一堂又骤然分开

齐声欢呼青春青春

青春迎面走来

成为我和世界

天地突然获得青春

这秘密传遍世界，获得世界

也将世界猛地劈开

天堂的烈火，长出了人形

这是青春依然坐在大火中

一轮巨斧劈开

世界碎成千万

手中突然获得

曙光是谁的天才

先是幻象万千

后是真理唯一

青春就是真理

青春就是刀锋

石头围住天空

青春降临大地

如此单纯

《太阳·弥赛亚·大合唱：献给曙光女神献给春的诗》

骆一禾在《海子生涯》一文中再次诠释了海子史诗构筑的倾向性。"海子史诗构图的范围内产生过世界最伟大的史诗。如果说这是一个泛亚细亚范围，那么事实是他必须经受众多原始史诗的较量。从希腊和希伯来传统看，产生了结构最严整的体系性神话和史诗，其特点是光明、日神传统的原始力量战胜了更为野蛮、莽撞的黑暗、酒神传统的原始力量。这就是海子择定'太阳'和'太阳王'主神殉的原因：他不是沿袭古代太阳神崇拜，更主要的是，他要以'太阳王'这个火辣辣的形象来笼罩光明与黑暗的力量，使它们同等地呈现，他要建设的史诗结构因此有神魔合一的实质……"

海子这部作品气势恢宏，是从海子最喜欢的一部诗集《浮士德》中借鉴构成。《浮士德》是歌德的代表作，他为此构建了六十年之久，毕生倾注了全身心血。黄朗茨·梅林曾高度评价歌德，他认为别的国家固然有伟大的文学家，但歌德对于德国文化好比太阳对于大地！

海子这样的借鉴，可以说是一种捷径，也是一种聪明的运用。

天梯上的夜歌

天堂的夜歌

夜歌歌唱了我

弓箭放下

我画出山坡

太阳放下弓箭
夜晚画出山坡

一群群哑巴
头戴牢房
身穿铁条和火
坐在黑夜山坡
一群群哑巴
高唱黑夜之歌
这是我的夜歌

这是我的夜歌
歌唱那些人
那些黑夜
那些秘密火柴
投入天堂之火

黑夜年轻而秘密
像苦难之火
像苦难的黑色之火
看不见自己的火焰
这是我的夜歌

黑夜抱着谁

坐在底部

烧得漆黑

黑夜抱着谁

坐在热情中

坐在灰烬和深渊

他茫然地望着我

这是我的夜歌

《太阳·弥赛亚·夜歌》

天梯之上的吟唱，海子将走向梦中的天堂。

「 三 」

琴声呜咽，泪水全无

远方除了遥远一无所有，更远的地方，更加孤独，远方的幸福，是多少痛苦。

——海子《远方》

人生之中，总有一些风景会让你忍不住地回望，有时候，我们不远千里地奔向曾经过处，也许那是一个篮球场、青砖墙、石街路……不为某人，不为某事只是单纯地想要重温那一片熟悉的风景。那里，有我们未完的故事、未圆的梦……然而，有些时候，正是因为这种残缺，那片记忆却更美了。

海子，同样也有他牵念的梦。他梦锁在了四川，那个幽静美丽的地方。那里有他生命中珍贵的风景。在 1989 年初，海子故地重游，他在旧地将梦轻轻拾起，在灵魂的摩挲之后，轻轻放下。他知道，这个美丽的地方，此生都是他的记挂。

再回到故乡的时候，他周身的钱财已经散尽。也因此，他没有能够像往常一样带丰厚的礼物回家。这一次，他如同一个在外面玩闹累了的孩童。一回到家中就向妈妈喊着饿。看见疲惫的海子，母亲十分心疼。享受亲情，是幸福的。很快，海子又开始了痴迷的创作，这次比之前还要投入。

母亲看见海子总是抱着一把椅子，一个小凳，从太阳升起到落下都是一样的姿势，心里又着急又心疼："当心身体搞坏了。"海子抬头，满眼泪光："妈妈，我要写一个天，写一个地，写出一个大太阳来！新年里我要完成好多好多东西。"或许，母亲永远不懂他的诗，可却知道自己的孩子在做大事。

看着海子每天拼命地写诗，父母不禁深深地担忧起来。当然，父母的劝阻并没有使海子停下创作，他只是对父母说，自己这一部诗集要出版了，并且能够赚取丰厚的稿费。这部作品完成，将会使整个家的生活状况都好起来。

物质，是短暂的无情的情人，海子不得不承受这种折磨。有人建议海子和他们一道"下海"，去海南办报纸。海南发展很快，可以施展才华。

朋友们都说，凭文字功底和写作水平，海子完全有能力去报社做一名编辑，总之，各种说法芸芸。他心中非常清楚，纵然被物质所困，但是他不会为了物质奔命。他今生唯一要用力追逐的，唯有诗歌。

他知道自己和很多人的追求不同，他选择的，是一条孤寂的路。他越往前走，脚步越快。然而，他也将会越陷越深，那一个渴望巅峰，

·

是最深的孤独。因此，在两年前，他在昌平时已经将自己内心的孤独，化成了诗文，倾之纸上。

在昌平的孤独

孤独是一只鱼筐
是鱼筐中的泉水
放在泉水中

孤独是泉水中睡着的鹿王
梦见的猎鹿人
就是那用鱼筐提水的人

以及其他的孤独
是柏木之舟中的两个儿子
和所有女儿，围着诗经桑麻沅湘木叶
在爱情中失败
他们是鱼筐中的火苗
沉到水底

拉到岸上还是一只鱼筐
孤独不可言说

越深的孤独，越是难以言说，他无可倾诉，唯有将孤独用美丽的诗句呼出，将孤独灵动地跃然纸上，留与人深刻的怀想。

海子走入了一种孤独困境，前方后路，都是封闭的路途。他渴望换一种环境，让灵魂喘息。他希望好友骆一禾帮忙把他调到北京城，在《十月》编辑部找到一份编辑工作。然而，好友对此事却是无能为力，只能委婉地说是时机不对，让他再等等。

压抑已久的海子需要交流，感情要是被时间禁锢，不会陈酿出美酒，而是会成为蚀骨的硫酸，一旦释放出来，必然出现不可估量的糟糕后果。

后来，海子有了自己的新想法，他要辞去法大教师的职务，和朋友去海南办报纸。然而，当他和父亲谈自己的想法时，却没想到父亲的反应会异常激烈。多年来，父亲对孩子的教导都是比较温和的，这一次，父亲暴跳如雷，狠狠地训斥了海子。其实，父亲的愤恨，是恨铁不成钢，辛苦地将儿子抚养成人，可这不争气的孩子却要毁掉自己。

面对暴怒的父亲，海子伤心地哭了。就如同一个委屈的孩子。这样一份工作，在父亲看来，是铁饭碗，可是对于此时此刻深陷孤独的海子来说却是一种束缚，他渴望交流，渴望一个崭新的，热血的开始。然而，他美好的渴望，却换来父亲的震怒。看见儿子伤心，母亲也心疼地哭了起来。

后来，当母亲有意无意地问及海子未来的打算时，海子只微微地回应说还会去当老师。看着儿子忧伤的眼神，只是半信半疑，却不好再问。

　　这次回来，海子显得十分情绪化。一次与几个表兄喝酒，回去倒头栽在床上，查曙明抱怨了一句，"不能喝酒就少喝点嘛。"海子大怒，从床上跳起来，要打架，差点砸坏了电视机。现实打垮了这位诗人，他时常在酒精的催化下，呢喃自己的失意，"北京的诗歌圈子很严，简直进不去。"

　　假期快要结束时，母亲再次提起他的终身大事，他沉默以对，内心早已掀起了千层浪。当晚，他写出了《四姐妹》，祭奠自己的几段爱情。

　　　　荒凉的山冈上站着四姐妹

　　　　所有的风只向她们吹

　　　　所有的日子都为她们破碎

　　　　空气中的一棵麦子

　　　　高举到我的头顶

　　　　我身在这荒凉的山冈

　　　　怀念我空空的房间，落满灰尘

　　　　我爱过的这糊涂的四姐妹啊

　　　　光芒四射的四姐妹

　　　　夜里我头枕卷册和神州

　　　　想起蓝色远方的四姐妹

　　　　我爱过的这糊涂的四姐妹啊

　　　　像爱着我亲手写下的四首诗

　　　　我的美丽的结伴而行的四姐妹

比命运女神还要多出一个

赶着美丽苍白的奶牛走向月亮形的山峰

到了二月，你是从哪里来的

天上滚过春天的雷，你是从哪里来的

不和陌生人一起来

不和运货马车一起来

不和鸟群一起来

四姐妹抱着这一棵

一棵空气中的麦子

抱着昨天的大雪，今天的雨水

明日的粮食与灰烬

这是绝望的麦子

请告诉四姐妹：这是绝望的麦子

永远是这样

风后面是风

天空上面是天空

道路前面还是路

这首诗写给 B、S、AP 与 Y。她们在他短暂的生命里绽放过，给
了他最美好的想象，也将他推入最冰冷的深渊。

大年初六，海子把大弟弟送到了他的母校，安置好后，便鼓励
弟弟："等高考成绩出来后，我就联系北京的一些高校帮着录取。""一
定要为父母争口气！"

弟弟来给海子送站，海子语重心长地嘱咐着弟弟，就如同一个沧桑的老人。海子不舍地看着弟弟，在发现弟弟有些近视后，又拿出三十元钱递给弟弟。他要弟弟去配副眼镜，也要买些营养品，又叮嘱弟弟爱惜身体，照顾好自己，他仿佛有千言万语要向弟弟倾诉，可说着说着，就沉默了，只是不舍地望着弟弟……微笑着，却始终锁着眉。

很快，车来了，笛声长鸣，就如同一种命运的催促，兄弟俩挥手作别。可弟弟没有想到的是，这一次普通的分离，却成了兄弟两人的永诀。

「 四 」

从明天起，做一个幸福的人

我的死与任何人无关。

——海子遗书

贾宝玉太平洋上的贾宝玉

太平洋上：粮食用绳子捆好

贾宝玉坐在粮食上

美好而破碎的世界

坐在食物和酒上

美好而破碎的世界，你口含宝石

只有这些美好的少女，美好而破碎的世界，旧世界

只有茫茫太平洋上这些美好的少女

太平洋上粮食用绳子捆好

从山顶洞到贾宝玉用尽了多少火和雨

爱情是璀璨的，然而在璀璨过后，又是无限寂冷。海子的爱情路，走得十分波折。那个母亲十分中意的女孩，最终也是离开了他的怀抱。他又一次沉入失恋的苦海。他一面品尝着爱情的苦，一面开始了情感回顾。第一个女朋友已经远渡大洋彼岸，在异国他乡里，演绎着灿烂的故事。然而，她今生的故事再灿烂，也不再有他。于是作诗一首。他觉得自己的感情命运就如同贾宝玉一样落魄。贾宝玉最终遁入空门，然而他将要走向何方？

回到北京，海子给很多朋友写了信。其中给沈天鸿的信中，没有标点符号，只有六个字："我还活着你呢。"没有预见到海子已经坠入万劫不复的黑暗，没有人发现他已经几度燃起了轻生念头。

3月5日，苇岸去看望海子。

跨入家门，海子正在伏案写作，桌上铺满了稿纸，海子坐在那里，双脚泡在水桶里，桶里是冰冷的水。苇岸调侃他说："海明威站着写作，卡波特躺着构思，穆尔脱光了衣服写诗，原来你是要这样创作。"

3月11日，海子来到西川的家里参加聚会，大学时代的好朋友几乎都聚齐了。谈起家乡，海子感慨道："有些你熟悉的东西再也找不到了，你在家乡完全变成了个陌生人……要真正感受农村，必须在麦子割了以后，满地的麦茬，那个时候你站在麦地上，天快黑的时候，你会觉得大地是一片荒凉。"

后来，因为一点争论，老牟和骆一禾闹起了意见，众人连忙调和，整个过程中，海子压抑了自己的情绪。这也让西川等人后来十分懊悔，因为就在这次聚会后的十五天，海子离开了这个世界。

3月14日，海子写下了《春天，十个海子》。

春天，十个海子

春天，十个海子全都复活

在光明的景色中

嘲笑这一野蛮而悲伤的海子

你这么长久地沉睡到底是为了什么？

春天，十个海子低低地怒吼

围着你和我跳舞、唱歌

扯乱你的黑头发，骑上你飞奔而去，尘土飞扬

你被劈开的疼痛在大地弥漫

在春天，野蛮而复仇的海子

就剩这一个，最后一个

这是黑夜的儿子，沉浸于冬天，倾心死亡

不能自拔，热爱着空虚而寒冷的乡村

那里的谷物高高堆起，遮住了窗子

它们一半用于一家六口人的嘴，吃和胃

一半用于农业，他们自己繁殖

大风从东吹到西，从北刮到南，无视黑夜和黎明

你所说的曙光究竟是什么意思

这是海子的最后一首诗，他的思路断裂，情绪悲哀，散发着一种独自绝望的情绪。

3月16日，海子见到了B。她神情淡漠，告知世人自己已在深圳结婚，要去往美国生活。

3月17日，海子喝醉了酒，在酒桌上吐露出了自己与B的种种往事纠缠。清醒后，他觉得自己做了很大的错事，不该将别人的私事讲出来，心里很痛苦。

3月18日到3月20日，海子行踪成谜。

3月20日，海子找到苇岸，说自己"差点死掉"，已经四天没吃东西。狼吞虎咽地吃了些东西后，跟苇岸说起那日醉酒的懊悔，不该将B的事情讲与别人听。之后几天，他开始整理自己的诗歌。

海子一生，都是在用生命浇灌诗的魂，可是，他却渐渐丢了自己的生命。对诗歌越来越深的沉迷，他的头脑中产生了更多的幻觉，以至于他的头脑无法承受。那些幻想在他的头脑中乱窜，却难以用汉字表达，将它释放。于是，各种幻觉开始入侵他的梦境，他常常会噩梦缠身，在微薄的睡眠中，也不能得以安心。渐渐地，他的听觉开始错乱。并不是失去听觉，而是变得敏感，常常会听到一些奇妙的声音。

于是，海子的生活，被无边无际的幻想和各种刺耳的声音困扰着，曾经创作的灵感天使成了索命的恶魔，无时无刻地缠绕着他。有时候，海子甚至会觉得，自己的思想仿佛在接受着一种操控，已经并不能听从自己的左右。又或许，这是一种生命的昭示吧。他的任务，就是创作《太阳》，而如今任务已经完成，必然是他回归太阳的时刻。于是，他为自己写下了遗书：

一

今晚，我十分清醒地意识到：是××和××这两个道教巫徒使我耳朵里充满了幻听，大部分声音都是他俩的声音。他们大概在上个星期四那天就使我突然昏迷，弄开我的心眼，我的所谓"心眼通"和"天耳通"就是他们造成的。还是有关朋友告诉我，我也是这样感到的，他们想使我精神分裂，或自杀。今天晚上，他们对我幻听的折磨达到顶点。我的任何突然死亡或精神分裂或自杀，都是他们一手造成的。一定要追究这两个人的刑事责任。

海子 89.3.24

二

另外，我还提醒人们注意，今天晚上他们对我的幻听折磨表明，他们对我的言语威胁表明，和我有关的其他人员的精神分裂或任何死亡都肯定与他们有关。我的幻听到心声中大部分阴暗内容都是他们灌输的。

现在我的神智十分清醒。

海子 89.3.24 夜 5 点

二十五日，在那个宁静深邃的夜里，他大喊着"我活着没意义了"。吵醒而后在同事问及情况的时候，海子只是抱歉地说是自己做噩梦，同事散去。海子却失眠了，他穿好衣裳。他要结束这种苦难，踏着天梯（铁道）走向太阳的召唤。他又开始郑重地续写遗书，写给他牵挂的人。

三

爸爸、妈妈、弟弟：

如若我精神分裂、或自杀、或突然死亡，一定要找××学院××报仇，但首先必须学好气功。

海子 89.3.25

四

一禾兄：（骆一禾：诗人、《十月》杂志编辑）

我是被害而死，凶手是邪恶奸险的道教败类××，他把我逼到了精神边缘的边缘。我只有一死，诗稿在昌平的一木箱子中，如可能请帮助整理一些，《十月》2 期的稿费可还一平兄，欠他的钱永远不能还清了，遗憾。

海子 89.3

五

校领导：

从上个星期四以来，我的所有行为都是因暴徒 ×× 残暴地揭开我的心眼或耳神通引起的，然后，他和 ×× 又对我进行了一个多星期的听幻觉折磨，直到现在仍然愈演愈烈地进行，他们的预期目的，就是造成我的精神分裂、突然死亡或自杀,这一切后果,都必须由××或××负责。××:×××××××学院;××:现在武汉。其他有关人员的一切精神伤害或死亡都必须也由××和××负责。

海子 89.3.25

　　几份遗嘱,让人心痛又心酸,一个诗歌天才,在最灿烂的年纪里,走进了生命的迷雾。

　　1989年3月26日,那是一个美丽的晨曦。海子穿着一件白衬衣、蓝裤子,在中国政法大学老校园里流连一番,接着乘车到了天下第一雄关。

　　他望着雄伟的山海关,又望着天空明艳的太阳,温暖地笑着。他将要面对的,并非死亡,而是让灵魂回归"故乡"——太阳。他沿着"天梯"(铁道)向前走。从早到晚,太阳日出又日落,像是一个生命的轮回。半途中从墙上撕下一张纸片,写道:

　　我是中国政法大学哲学教研室教师,我叫查海生,我的死与任何人无关。我以前的遗书全部作废,我的诗篇仍请交给《十月》的骆一禾。

　　傍晚时分,太阳渐渐落下,伴着凄艳的晚霞,他在铁轨的一处躺下,一列货车呼啸而来,像一个庞然大物携带巨大的风势和巨大的阴影呼啸而至。他遁入太阳!他的灵魂永远地飞向了太阳,在每一个明艳灿烂的日子里,普照大地。

　　太阳在新的朝阳里重生,那么春天里,十个海子会全部复活……

　　他就这样走了,留下了断裂的《太阳》诗剧。没有一个天才的头脑可以继续他的构思，延续太阳的光芒。如果他的诗句是灵泉，会永远滋润着人类精神的家园。

不要吵闹，就让他静静地躺在故乡的怀抱里酣睡吧，从西藏背回的两块石头浮雕曾磨破他的双肩，现在却成了他最亲近的陪伴。

海子的死令骆一禾与西川悲伤欲绝，辞世七十天后，骆一禾因为脑溢血而死亡，两位挚友携手走向黄泉之下的诗歌之路。西川先生花费了十年时间，为海子整理出版了《海子诗全集》，人民文学出版社的王清平编辑为海子选编了一部《海子的诗》。他们让海子的诗来到了更多人的精神世界。

海子走了，他的诗歌却浮出水面，人们爱上了这位诗人"春暖花开"的梦想。

最痛苦的是查振全夫妇，这对夫妻为儿子流干了眼泪。当不同的年轻人络绎不绝地踏上查家湾的土地，他们的伤口一次次被揭起。但他们不愿世人忘记海子，这个生前生后都令自己骄傲的孩子。母亲说，她现在最大的幸福就是在梦里见到海子。海子走后，他的几个弟弟均放弃了学业，成了地地道道的农民。

查家湾的一切都没有变，但是因为海子，一切又变得不那么一样。

后　记

诗歌的烈士

"诗人"是一项伟大的破帽子。说它"伟大",因为它代表了浮华中的坚守,芜杂时的操持;说它"破",是因为它掩盖不住人生的真实残酷,也遮挡不了母亲头顶的苍苍白发。

诗人是热血的,诗人是悲观的。整个写作过程中,我被这两种情绪拉扯着。即使是在海子金碧辉煌的诗歌王国里,仍然摆脱不掉这种矛盾与痛苦。我时常闭目将自己代入,想象他卧在铁轨上的那一刻,心中是狂乱,还是平静。

海子的诗,就是海子的生活。与梵高一样,他用生命换得了作品尊严的捍卫。今日我们传承着他朴素的梦想,阅读着他的诗集。揣测着他的人生。可是我们也知道,他已用生命铸成了无人可以企及的高度。有人对他的死亡褒贬不一,可我不认为他的选择,存在什么权威的解读。逝者已远离,不妨少些无谓的争论,多一些尊重与包容。

春天的暖风已迎面扑来,这是希望与耕种的季节,海子选择在一片生机盎然中离开,一定在终点换得了新生。

今日城市里的大多数人,没有勇气写诗,也没有勇气流浪。所以海子的梦想，仍然躺在他们的灵魂深处。尽管街上行走的，多是圆滑世故、八面玲珑的脸，可是人们此时更加怀念理想与诗人。这个时代怀念海子，所以没有人会忘记海子，因为他既是那个时代的至宝，也是今日时代的珍奇。

明天起，做一个幸福的人

喂马、劈柴、周游世界

从明天起，关心粮食和蔬菜

我有一所房子，面朝大海，春暖花开

这是一个农民的孩子，做的一个朴实的梦。可是那个有关幸福的梦，因为寄托在了"明天"，而成为永远等不到的戈多，演变为悲剧的序曲。海子已走了二十五个春秋，却用依旧温热的诗句，撬动起今天成长于商业时代的心灵。

我与海子生活在不同的环境下，把握他的生活脉搏，靠的不是考古员一样的放大镜，而是他诗歌的温度。他的生命是短暂的，但是完成这样一本书稿，却使我耗尽了力量。

这本书必定存在瑕疵，但这是我的梦想，相信在这个春天里怀念海子的所有人，都懂得这种坚持。为了完成这部书稿，我去过海子的故居，查遍有关海子的大量资料，包括一些已经出版的著作，如边建松的《麦田上的光芒》、余徐刚的《海子传》，他们为我对海子的理解，搭建了更多桥梁。

很多人喜欢去假设，如果海子没有死，他现在会如何。人们悲观地猜测，他会在某个文学机构里混个一官半职，顶着先锋诗人的光环到处讲座，写点歌功颂德的诗歌，不再写他的麦田和村庄。

　　愤世嫉俗的年纪，我也这样想。后来发现，不只是海子，人们对他们怀念和喜欢的人，都有这样的猜测和判断。

　　现在我更加相信，在此刻的时空里，仍旧存在着千万个海子。即使工业文明放肆地吐着灰尘，他们仍在世界的角落里，坚守着向往太阳的灵魂。

海子年表

1964 年 3 月 24 日，海子生于安徽安庆怀宁县高河镇查湾村，上面有两个夭折的姐姐，他的出生为全家人带来希望和快乐。

1967 年，海子流利背诵《毛主席语录》，让查家湾全体村民侧目，当时他是所有参赛者中年龄最小的。

1968 年，在查湾村上小学一年级，被父亲寄予厚望。

1974 年，考取高河中学初中部。

1977 年，考取高河中学高中部。

1979 年，以优异的成绩考取北京大学法律系。

1982 年，开始诗歌创作。

1983 年，分配至中国政法大学校刊编辑部工作。

1984 年，调至中国政法大学哲学系研究所，开始长诗《河流》《传说》的创作。

1985 年，完成长诗《但是水，水》的创作，并开始《太阳》的初步构思。

1986 年第一次进藏，加入"中国当代新诗潮诗歌十一人研究会"，完成《太阳·断头篇》及《太阳·土地篇》的一部分。

1987 年，开始《太阳·大札撒》的创作。

1988 年，第二次进藏，6 月 13 日—9 月 22 日完成《太阳·弑》和《太阳·你是父亲的好女儿》。同年，获得第三届《十月》文学奖荣誉奖。

1989 年 3 月 26 日，于山海关自杀。

1994 年，以海子年幼的侄儿、侄女的名义在查家湾立了这块海子墓碑。

2001 年 4 月 28 日，荣获中国文学最高奖项之——第三届"人民文学奖诗歌奖"。

2001 年，被广为传诵的明快亲切的短诗《面朝大海，春暖花开》入选高中语文课本。

2003 年，吉林人民出版社出版的《大学语文》教材选入另一篇经典代表作《麦地》。

2008 年，海子故居被当地政府列为县级重点文物保护单位。

2009 年，安徽省安庆市怀宁县政府组织的一系列纪念活动，包括瞻仰海子故居，凭吊海子墓，召开"中国·海子诗歌研讨会"。

2009 年 3 月 26 日，北京大学第十届未名诗歌节开幕式暨海子逝世 20 周年纪念活动在北大百年讲堂举行。

个人作品目录

生前自印

《小站》（1983）

《河流》（1984）

《传说》（1984）

《但是水，水》（1985）

《如一》（1985）

《麦地之瓮》（1986，与西川合印）

《太阳·断头篇》（1986）

《太阳·诗剧》（1988）

后人编撰

《土地》（1990）

《海子、骆一禾作品集》（1991）

《海子的诗》（1995）

《海子诗全编》（1997）

《海子诗全集》（2009）